我的老師

I love my
dear teacher

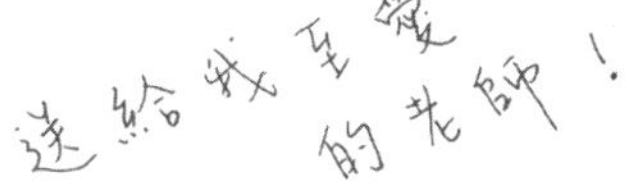
送給我至愛
的老師！

基道 出版社

我的老師

My Teachers

作者
胡燕青 Wu, Yin-ching

責任編輯
伍美詩

裝幀設計
約拿單

出版／發行
基道出版社
香港沙田火炭坳背灣街 26 號富騰工業中心 1011 室
LOGOS PUBLISHERS
Unit 1011, Fo Tan Ind. Centre, 26 Au Pui Wan St., Shatin, Hong Kong
電話：(852) 2687-0331　傳真：(852) 2687-0281
網址：http://www.logos.com.hk

承印
海洋印務有限公司

6/1996 初版　12/1997 二版　2/1999 三版
2/2001 四版　6/2004 五版　8/2005 六版
Cat. No. LP807-6A
ISBN-10: 962-457-113-9
ISBN-13: 978-962-457-113-4

Printed in Hong Kong

刷次	10	9	8	7	6	5	4			
年份	2028	2027	2026	2025	2024	2023	2022	2021	2020	2019

小學老師眼中的胡燕青

陳國堅序

我能夠有機會教著胡燕青這個學生，真可算是一種緣分。說到「緣」這個字，我就最怕聽到電台、電視常用的商品宣傳句語：「壽緣即止」（售完即止），可見人們常說本港的中文水準日漸低落，是不爭的事實。

燕青就讀的小學在長洲有幾個「最」。歷史最悠久（是全港第一批受資助小學）、規模最小（只有教室四個）、成績最差（小學會考年代從未考取一個中學學位）、聲譽最劣（小一聯招時，家長的志願永遠是最後一個）、升班最易（不少插班生因在原校要留級，因此轉過來求升班）。而燕青就是插班進來的一個。當然，她並非屬於要留級的那一類，而是那些所謂名校的校長有眼無珠、不肯收容的學生。

她進校後，甚麼學業成績獎、操行獎、作文比賽獎、書法比賽獎、繪畫比賽獎、演講比賽獎……一切最典型的小學比賽獎項，全都是她的囊中物。這也難怪，以她的資質而進入一 所如此多「最」的學校，不獲獎才怪呢！未知當年的她是否有「無敵是最寂寞」之感？

每一項她參與的比賽，我都有分當評判。記憶中她的作文肯定勝過最少一半現時的中學會考生（我敢下此判語，也是因我有「緣」看過不少目前會考生的文章。）書法方面，更是目前會考生中百中無一；繪畫方面，我還記得她最愛畫一些大眼睛、長頭髮的洋娃娃面孔 。那簡直可與目前最流行的動畫《美少女戰士》一較高下。

她在小學的五、六年級，是我當她的班主任兼數學科老師。說句老實話，數學並不是她最擅長的科目。我一直認為她未來的發展，一定在文學或藝術方面。然而升中試她的成績竟是中文二級、英文一級、數學一級。更奇怪的是她竟能以二一一的成績而考獲政府五年中學免費獎學金。（按：此獎學金乃頒予當年升中試成績在十一至一百六十名考生）而當年全長洲能獲此殊榮者就只有她——胡燕青一人。

今時今日，不少家長在迷信名校、名師，以為名校一定有名師，名師一定可以出高徒。我的見解是：名師當然可以出高徒，不過高徒就不一定要靠名師。只要有資優的徒投進你門下，那麼你不「名」也會變「名」。因此奉勸那些未能將子弟送進名校去求名師的家長，不必那麼執著，還是一切隨「緣」吧！

難以言喻的溫柔

小思序

謝謝燕青，讓我讀到一本心暖的書。讀罷掩卷，有如沐於和煦冬陽中，那種難以言喻的溫柔，已經很久很久沒感受了。

不知道打從甚麼時候開始，我們生活的周圍，瀰漫著如火的刺熱，如冰的刺冷——矛盾而奇異的混亂空氣，我常常驚懼，驚懼自身的信念會在這無邊的迷亂中失落，在冷熱交刺處境中，我竟尋不到自身的應有溫度。

讀了燕青的文章，我恍然大悟，我久違了一種暖暖的人間溫柔，不單單是溫情，而是難以言喻的溫柔。

人際關係中，以師生關係最遭忽略，好像交了學費，就自然又無可選擇地建立了授受的聯繫，一旦學業完結，萬事俱休。年來，師生更多了一些對立、冷待、隔閡的苦惱。燕青筆下卻重現久違了的師生關係，我說不單單是溫情，因為裏面除了溫情外，還帶著濃烈的理智灌輸與反省。老師接觸學生，純以情動，調教不出明理學生。學生接觸老師，純以情動，學不到老師的本領，一朝情淡，就化為烏有。燕青描繪的師生關係，正是情理交融，特別作為學生的，十多年後，自己已成人師，那種反省與回顧，更能表現老師當年調教的成績。

書中晃動著老師身影，音容喜怒，我感到親切。他們憑著不同的性情、教授方法，不知不覺中影響了一個學生。也許他們不計較，也許他們不知道，在學生筆底已經聲影留情。

在冷熱失調、許多人慣用帶刺目光看人看事的時代，忽然出現冬陽和煦，怎不叫我心暖且醉？

為燕青慶幸，她遇上那麼多好老師，同時也為老師們慶幸，他們遇上那麼情深而理解力強的好學生。師生情緣，在授受之間，已經鑄就，不怕歲月銷磨。

我也跟燕青一樣，願借這機會，向這個時代選擇教學為終身事業的每一位老師致敬，以一種難以言喻的溫柔。

1996年元月，完稿於陽光中

「胡老師，十年了」

朱少璋序

上班的第一天，由於工作間尚未安排妥當，我便暫寄在胡老師的辦公室內。我坐在那張能轉動的辦公椅上，輕輕挪動，倒像龍鍾的老者坐在陽台上追憶往事……依稀記得，十年前，我在浸會學院念一年級時，胡老師剛到學院任教，教的是寫作，科目不計學分，似乎是個試驗性質的課，我和幾位中文系的同學慕名前去上課，甫進教室，便看見一張笑臉，餘下來的學習生涯，都跟胡老師的笑容一樣：豐富而快樂。

胡老師的記性很好，學生的名字她都能一一說出，上了幾堂課，大家更熟了。上課時氣氛融洽，下課後又時常聊天，說古論今。我覺得，胡老師有用不完的精力，單看她批畫在作文卷上那鮮紅而有力的圈點，那詳細而中肯的評語，便可知老師對工作的認真和投入。胡老師能透過學生的文章去了解學生，批改習作就變成了跟學生溝通；在批改章法、語法及句構外，老師同時批改了學生的品格，正因如此，同學交的文章，都不單是文字語法的組合，而是有感而發的，試想：哪個年青人不想別人了解自己？哪個年青人不想被關懷？上胡老師的課、交習作、看評語，正能令我感到受重視、被關懷。

畢業後，我在中學當教員，教書的方法多少受胡老師影響，卻有點力不從心的感覺，像她的愛心、投入、活潑，似乎只有她才能發揮得淋漓盡致，老師曾打一個譬喻：教學如斟水，不管你自己原有多少水，能盡傾者為上。胡老師正是能「盡傾」的好老師，因為她既有無私的心，又充滿教學熱誠！

今天，我有機會回學院任教，能與胡老師共事，的確令人興奮，但我明白，胡老師為了尊重我的「成長」，必定把我看成是「同事」；我卻一廂情願地想做她的學生，以滿足我那份邀寵的私心。事實上，當別的學生在場，胡老師會叫我作「朱老師」，但沒有學生在時，她會親切地叫我「少璋」。我深知道，她並沒有丟下這個已經年屆三十的學生，也沒有丟下這份深厚的師生情！

四十分之一

自序

我一直有一個心願：我要寫一本書，獻給我中小學的老師。

我是廣州人，八歲隨父來港。爸爸要上班，把我放在長洲庶祖母家中寄住。爸媽不在身邊，我很難受。老師們見我孤苦，都格外疼我。對我來說，老師就是父母。

我那時的師長，大部分很有學問，而且心腸好、愛孩子。在我眼中，他們也很嚴格。我是個懶散的人，有時候很沒有責任感。老師們鞠躬盡瘁的態度，雖然沒能立刻把我改變過來，卻給我留下了深刻的印象。到了今天，他們的品格仍在逐漸感化著我。最難忘的，是他們對自己的職業都很尊重。他們認為教書是很重要、很崇高的工作。

在香港，當中小學教師，壓力很大。當天如此，今日更甚。比起在大學裏教書的人，他們辛苦多了，但是工資卻少了一大截。論名氣、講地位，他們當然也及不上在高等學府工作的同工。一位教授學問做得好，很快就會名滿天下；但是中小學的教育工作者，就是在行政、教學上做滿一百分，也不會有多少人知道。為了這個緣故，我希望能夠用文字把他們的嘉言懿行記錄下來，以表達我的感激之情。

有好幾位非常出色的師長，我沒有寫在這本書裏。我們讀的是政府學校，老師經常調動。這些師長教我們的時間不長，有些才當我們老師一兩個月，就調到別班、甚至是別校去了。有幾位在學校裏是極有名望的老師，卻沒教過我們。我雖然也認識他們，但資料不夠，不能將之寫成完整的文章。但我對這些老師的尊敬和愛慕，也完全一樣。他們鮮明的形象，至今仍不斷鼓舞著我、激勵著我，在我的教學生涯上，他們的笑容光亮如明燈。

我是不是沒碰見過不那麼出色的老師呢？不是，我常常遇上。今天我自己也當了教員，在一些學生眼中，我正是這樣一個不十分稱職的師長。我完全能夠體會為人師表的難處。因此，我也學會了怎樣去接受和敬愛這些老師。

最後，我希望借這個機會，向這個時代選擇教學為終身事業的每一位老師致敬。我肯定，學生是不會忘記你們的，即使他們在喧鬧擁擠的教室裏，只佔著四十分一的位置。

目錄

小學老師眼中的胡燕青•陳國堅序／v

難以言喻的溫柔•小思序／vii

「胡老師，十年了」•朱少璋序／ix

四十分之一•自序／xi

小學的時候……

在歲月的一端•老師的笑臉／3

世上無難事•方老師的神話／5

「很好」的相反詞•吃了一驚的陳老師／7

細碎，卻堅定•恩信校長的腳步／10

夜愈深時燈更亮•博文老師的榜樣／15

明信片的兩面•健斌老師的藍天／19

鐵畫銀鈎•記國堅老師（一）／22

毋為牛後•記國堅老師（二）／25

「爸爸」帶我上餐館•記國堅老師（三）／29

重逢•記國堅老師（四）／33

中學的時候……

比考第一更重要的事•倩儀老師的三個問題／39

銀雪下的春天•洪老師溫暖的心／43

「對不起，老師，我不會」•章老師，請勿見笑／48

長廊背影•老師的話和父親的心／50

書頁人間•手舞足蹈的陳嘉老師／52

「小羊啊，是誰造了你……」• Mrs. Leung 和她的以色列民謠／55

越過風雨塵煙•是你嗎，親愛的 Mrs. Leung？／57

流動的山川• Miss Wong 的地理課／59

初秋的驚喜• Miss Tam 總是說我瘦／63

面向歷史的日子•反對「天書」的 Mrs. Wong／66

面向孩子的日子• Mrs.Wong, 你是美麗的媽媽／69

我喜歡的生物課•愛讀新詩的鄒老師／71

短歌 • 牙膏老師 Mrs.Wong／74

蝴蝶結 • 永恆的少女 Miss Chan／77

祕密而明亮 • 我祝福你，親愛的 Miss Chan／79

彩虹裙上的素布 • Miss Lo步履維艱／81

卸下去年的包袱 • Miss Lo說，人人都來跳舞／83

背叛 • Miss Lo，請勿生氣／85

引退 • Miss Lo，我一定不會忘記你！／87

蜜月刑期 • 盧老師舉足輕重／90

回鄉路 • 跋／95

小學的時候……

在歲月的一端

老師的笑臉

自從八歲離開父母，跟著庶祖母在離島過活，我就知道，自己幼小而無力的腳步，必須馬上找到追隨的目標，否則我無法在偌大的人生荒野裏繼續前行。對一個孩子來說，他的老師很自然就填上了父母的空缺。

小時候常認為老師應該是完美的。當他拿著課本走進教室，大門透入的亮光已為他的輪廓滾上了金邊。如果他是架眼鏡的，他一定很有學問；如果他稍為遲到，那是因為他很有個性；如果他不大說話，那是他一字千金；又如果他話很多，老笑，那是他親切可人。總之，我是個一廂情願、一心一意要去迷上老師的學生。同學們口中的「四眼仔」、「高竇貓」、「鼓氣袋」、「傻佬」等渾名，永不會在我清洗過的意識裏出現。兒童小說裏那些萬能而又充滿愛心的漂亮女教師，個個活現在我眼前身畔的「先生」當中，我自己更當然成為故事中那備受關懷愛護的小主角。

無他，那段日子，我感到孤獨。

奇怪得很，各方面的成長並沒有完全改變我對師長的看法。可幸的是，當我不覺跨到了歲月的這一端，自己已然站在黑板前、講壇上，我同時開始深切地體會到一個老師無能為力的各個棱面。在誠摰與虛偽之間，一個老師如何掙扎著去成全自己的責任和形象，這種苦樂參半的心情，又豈是每個人都能感受得到的呢？

所以到了今天，當我在各種場合再次遇上往日小學、中學、甚至大學的老師時，我眼底依舊浮漾昔時那無條件的信賴和仰望；至於我所知道的、他們的缺失，不外令我更明白到為人之難、為人師長之難上加難。為此，我對他們的依念更深。

世上無難事

方老師的神話

我這樣喚我的第一個老師：方老師。那時我仍在廣州念一年級，她是我的班主任。關於她的，我知道的很少。她留著個極其簡單的直短髮，一個應只屬於年青女孩子的髮型。但她的臉上滿布皺紋，皮膚粗糙。可是你怎麼看，她也不能算是蒼老。那顯然只是一種給日月風雨過早催熟了的臉容。後來我長大了，依然不能為她找到適當的形容詞。「滄桑」一定不對，她對我們的投入和熱切把這個詞裏的落漠趕跑了。「風霜」也不接近，因為她給人的整體印象是鮮活明朗的。

上課時許多「情節」都忘了。我經常想起的，只有兩件事。有一天她在黑板上寫了個很大的「縫」字。她寫得很慢，很用勁，一面說：「這個字很深，寫起來比較艱難，但我們必須克服一切困難。」這看似一句老套的話，但它深鐫在我的腦海裏，年年月月，不知不覺間醇化著、影響著我的行為。這話，絕不機智取巧，也不惹笑，在現代社會尊崇表現自我、追求與眾不同、推許刻薄言詞的大氣候下，簡直是句傻話，然而它卻為我帶來了一個神話：「世上無難事」。憑著這種近乎天真的信念，我確實平安走過了許多看來崎嶇的道路，我，就是方老師啟發了的其中一個「有心人」。

第二件事。有一天我們低頭寫字。方老師說：「小朋友做事應該專心。我現在把手冊放到你們的桌子上，如果你真的很專心，就不會知道。」那時我心想，糟糕，我怎麼可以讓自己真的不知道呢？她不這麼說反而好，她說了，我就不知所措地數算著她的腳步，傾聽著她的方位……來了，來了，怎麼辦啊？「啪」的一響，手冊落下，平直的躺在我的桌子上 ，我動也不敢動，繼續做功課。然而，我竟已曉得自己說了個無奈的謊話。

誰沒說過謊話呢？大的小的，有意無意之間……我懷念方老師，因為她是第一個使我意識到世事真假的人。我不喜歡別人待我虛偽，卻亦能設身處地地去理解一個被逼虛偽起來的人，這當然也該感激她。

可惜我在那小小的學校只念了三數個月書，便離開廣州，移民香港。方老師自我的生活中淡出，其他老師的臉容，卻相繼明亮起來。

「很好」的相反詞

吃了一驚的陳老師

第二位教我難忘的老師是位男老師，名字好像叫陳建中，也是我的班主任。那時我跟庶祖母二人住在長洲，日子平淡孤獨，十分想念爸媽。我在島上一所著名的小學念二年級，因為是插班生，不免戰戰兢兢。陳老師不知道我害怕讓同學們喚作「大陸妹」，竟把我叫到前面站著，摸著我的頭說：「各位同學，這是從廣州來的新同學，你們要多照顧她。」他所謂的「照顧」，當然是指「一起玩」。自此以後，每逢我功課做得好，問題答得對，他一定又把我叫到前面，稱讚一番。大概因為我「來歷不明」，成績稍為好一點，他就喜出望外；又可能因為我父母不在身邊，他對我格外憐惜。沒多久，我便成了他最疼愛的學生。

其實陳老師自己，才是全班的「寵兒」。他長得相當英俊，個子雖然不算高大，但站得挺直；雖然不常笑，但臉色和悅。大家不怕他兇，卻受到他的嚴肅所感染，上課時都很安靜 。他好像甚麼科目都教，包括語文。我打國內來，語文基礎比一般同學強一丁點兒，每有難題，他就要我來答。

坐在我身邊的女孩是班上出了名調皮的學生，但她的樣子很趣致，頭髮近耳際給剪了個大圓洞，好讓她的大耳朵呼吸呼吸新鮮空氣。她老逗我說話，我卻是自鳴清高，不肯回答，繼續做陳老師的乖乖女，瞧不起人。

使我警覺的事終於發生了。那天陳老師問我們，「很好」的相反詞是甚麼。我呆住了，想了許久沒想出來，只知道「不好」二字力量不夠，大概不對，但又找不出更好的。陳老師一連叫了許多名字，但誰都沒答對。最後他望著我，好像我一定會的模樣。我來不及把頭垂下，就聽見他喚我了。我把明知不對的「不好」搪塞交差，好久才敢抬起頭來看他。

他顯然很失望，歎了口氣，準備把答案告訴我們。這時我身邊的小女孩忽然舉手說：「先生，我知道！」她充滿信心地說：「是『很壞』。」

「對了！」陳老師喜歡得叫起來，他的眼睛明亮，對這位一直被認為頑劣的學生，明顯有了新的看法。他的興奮，我的挫敗，一剎間交錯交織，使我們忽然都明白了一些甚麼。老師和學生，原都在生命的各種遭遇中同時學習。但陳老師在那一瞬間打眼中閃爍出的驚喜和欣悅，卻一直指引著我。那一刻我明白到，當老師，是能得到許多喜樂的，如果他真誠地愛他的學生。

細碎，卻堅定

恩信校長的腳步

我剛升上小三，祖父就破產了，一年之內，他在花布街和大南街的布鋪相繼倒閉，他自己躲到澳門逃債去了；伯父、姑父們也馬上失業了，四散找尋工作養家，父親也到別處打工去了，我好久沒見得著他一面。那大半個年頭，我跟著祖母四處流浪躲避債主，根本沒有安頓下來好好念書，一個學年就這麼浪費了。

秋天，我再次被送到長洲跟隨庶祖母生活，可惜原來的學校名額已滿，無法再錄取我了。 幾經辛苦，島上最不起眼、規模最小的一所平民小學終於收容了我，條件是重讀三年級。那個小學只有四個教室，操場是一塊形狀古怪的泥地，終年沙塵滾滾。上學的第一天，我差點沒哭出來：這簡陋的「學校」，比起以前那所全南約區成績最好、規模最龐大的著名小學，差得太遠啦！

但後來那段時光，我過得很是快樂，那是因為我做夢也沒想到，在那裏我遇上了好幾個教我畢生難忘的好老師，以及度過了整個童年裏最堪回味的一段日子。

學校是幾位沒有結婚、一心投身教育事業的女教師辦的。她們都是非常虔誠的基督徒。盧恩信校長當時已經年屆六十，嗓子早因長年教學嘶啞了，人卻尚算有點精神。最特別的地方，是她放了的小腳。我無法理解女性被逼纏腳的痛苦，但自她身上，我彷彿領會到一次從約束到自由的掙扎。恩信校長在某幾方面相當固執保守，但以她的年紀來說，她已經是個很開放、很自覺的新女性了。

她與創校的幾位中年老師住在一起。那幢古老的三層木房子，聞說是七、八年前的舊校校址。她們很少說「我回家了」，老說「返舊校」，就是這個緣故。長洲沒有汽車，校長和老師們每天得走半小時的大路和山梯上學。每次我看見她梳起滑淨的小髻，一雙小腳打自又闊又長的老式旗袍踏出細碎的腳步，總覺得她把古老歲月裏的甚麼帶到了現在來，教我同時感到畏懼和嚮往。

她已沒有親自上課了，然而到了開學日，散學禮或校慶等特別的日子，她總會在操場前面，向列隊站在烈日下的我們說一大段話，來來去去不外要我們孝敬父母、用功學業。那時我們總聽不入耳。

我一面揩汗，一面應和著身後那個正在小聲罵她長氣的同學，心裏只覺得她的嗓子嘶啞得刺耳。二十多年後自己當上母親了，亦正值「書到用時方恨少」的年紀，才感到那扯盡了喉嚨、聲嘶力竭的一番話裏藏著的愛心和真理。

校長的背影傴僂而孤獨，我很早就感覺到了。然而自己走在一羣老愛取笑她的同學之中，竟直壓抑著心裏油然而生的對她的憐惜。升小六那年的暑假，我的祖母突然中風辭世，庶祖母離開長洲，到九龍跟隨祖父生活，我又被逼考慮轉校的問題了。那時我正準備參加升中試，要轉校也實在不容易。這時校長竟然找來了父親，要求他讓我住在她家裏，直至我畢業為止。父親求之不得，趕忙答應了，於是我就開始了一年寄住生活。

校長與我，還有好幾位老師，那時真的是「朝夕相見」了。當時我感到了無比拘謹，話也不敢大聲說，對校長當然說不上有任何感激之情。然而，二十年之後，我竟覺得那一年是我生命裏收成最豐富的年分之一：由於被逼用功，我考上了到如今我仍認為是當時最好的中學，獲得連續五年的獎學金，並在那兒認識了我一生中對我影響最大的幾個朋友。至今依然經常回到我記憶裏的一個畫面，就是那時下課回家，打開飯壺時，那滿滿的菜餚和三碗熱飯，如何冒起香噴噴的白煙。那，當然是校長叫人為我預備的。

小學畢業之後，我只回過長洲幾次，並且只見過校長一兩面。最後一次去探望她的時候，她已經非常龍鍾，雙目全盲了。那時我早就大學畢業，拉著男朋友的手去找她，心情是週末郊遊的那種。午後的陽光斜斜投進屋子裏，她緩緩走過木樓的地板迎來，由一個我不認得的傭人攙扶著，不知是因為衰老，還是因為激動，顫抖得很厲害。我伸出手來接過她的，她就不停地摸，好像有許多話說，但聲音哽塞，我沒能聽得很清楚。我把男朋友介紹給她，她卻以為他是我的丈夫，一直以「你先生」稱呼。那時我們又是尷尬又是難過，很快便找了個藉口離去了。沒想到，那竟然就是永訣。

許多時日了，我又喚過許多人做「校長」，包括往日的老師、今日的上司。但這名字對我來說好像只有一種真正的意義。校長，就是恩信校長，那個臂上挽著一個大袋子，晨曦裏一個人在長洲山腰逐步攀著長長石梯的老人家。那時走在她身後，我總偷偷繞路走開，不肯喚她，怕要跟她一道走；可是二十年後，我發現自己原來卻在緊隨著她細碎但堅定的腳步——我，竟然也當上了老師，而且嗓子也日漸嘶啞了。

夜愈深時燈更亮

博文老師的榜樣

博文老師給我的第一個印象是：惹不得。小孩子不曉得那許多詞彙，同學交頭接耳，只管說她「兇」(廣東話是「惡」)。多年後回望，總覺得這些形容都不對，她只是嚴肅和認真，而且擇善固執，堅守原則。

博文老師是校長最好的朋友和戰友。她比校長年輕十來歲，但當時亦已年屆五十。和校長束腳結髻的拘謹形象相比，博文老師就顯得明快開朗得多了。她精神暢旺，健步如飛，蓄短髮，相信年青時代是個「新派」的女性。和校長一樣，她亦篤信基督，獨身，一生獻給教育事業。

如果我在十六、七歲才遇見博文老師，心裏一定充滿掙扎和矛盾。我會欣賞她的認真、有學問，但也會嫌她守舊、缺乏彈性。然而我第一次看到她時才十歲，惟一的感覺是「怕」。

她教語文、尺牘和珠算。除了語文，那兩科實在不好玩。她的「不好玩」、「沒趣」形象因而更深鐫於我的腦海。我很小就自以為聰明，加上在這麼一所只收二百學生的離島山區小學就讀，常考第一，就不覺漸成井蛙，不知天高地厚，心中討厭「閒科」，功利地只「愛上了」中、英、數。那時總在想：甚麼「膝下」、「尊前」、「台鑒」、「大啟」……真煩！甚麼「二一添作五」，真落後！料不到如今當了老師，教的也包括應用文；每拿起冷硬板臉的計算機，就想起黑子算盤烏亮的木色、錯落的敲打聲，和它那種飽歷觸撫、充滿體溫人情的氣質。每每在內地旅行，遇見用算盤的人；或在本地一些蒼古的藥店，細聽那木珠相擊，我總不禁悠然神往，經常憶起小時教室的小木桌子，和那些給我故意錯失了的機會……

博文老師不像一般教師，她不會只疼愛乖巧好看、成績突出的學生。這些小寵兒還經常得捱她的板臉。反是那些率直自然的小孩，偶然會得著她一閃而過的溫柔眼光。她的信念是：聰明孩子不可讚，只可挫，受得了的自能成大器，所以她老說反話；起初讓大家氣餒得要死。後來習慣了，反而會因為她非常偶然的一句讚語樂上半天。

小六那年我搬到校長家中寄住。說是校長的家，其實不十分準確。那兒也是另外數位女教師的家。

博文老師的閣樓屋子最大，於是那兒就容納了我和另一位女同學。那同學家在梅窩，每早趕橫水渡上學太辛苦，摸黑出門也太危險，於是校長就照顧了她的住宿。她和我睡在兩張板牀上，頭對著頭，自然多話說。但博文老師的腳步一響，「木梯警號」就吱吱咯咯地叫我們閉嘴睡覺。「食不言、寢不語」是她恪守的規矩。真的，她的話很少，每每點到即止，你想得著甚麼，你自己去咀嚼。一天臨睡，她冷冷地對我説，一個真正聰明的孩子總會自覺知道用功，教我想了好久。第二天開始，我甚麼教過的書都重溫幾遍，拚命應付小學會考，連社會科都拿它一個一百分。班主任眉開眼笑，博文老師呢？明明見我挑燈夜讀，也不發一言。然而如今我曉得，她知道自己已經成功了。

　　和其他較為年長的人不一樣，博文老師絕少滔滔不絕、長篇大論地教訓我們。她給我的教育由行為而來。一天她看見我在陽台洗衣服，就説：「怎麼弄得一地都是水呢？」我答道 ：「盆子太小，沒法子。」她馬上就蹲在地上，為我洗起衣服來。果然，盆中的水漾漾旋旋，都在那直徑一尺的圓形裏，只見偶然濺起的幾個肥皂泡，反射著星期六早晨的陽光。 那只是一件小事，然而她那魔術一樣靈巧的搓挪手勢，足以教我在以後幾年裏，自學習中享受到洗衣的樂趣，可真神奇極了。又有一次，她看見我晾衣，就問我為何不把覆轉了的衣服重新反過來才晾。我不解地說：「不都是一樣嗎？」「不一樣，」她說：「衣服貼肉的地方不可向外，那不衞生。」當時我不禁暗暗吃驚，心想，老師不免太執著了吧？可是，到了今天，這種講究衞生的晾衣方法，竟然成了我的習慣！

博文老師大概是個完美主義者：整齊、清潔、用功、講效率、少說多做，對於我這好動好勝、愛玩又頑皮懶惰的小孩，起了以身作則的教化作用。她雖然並不是那種使我心折的浪漫人物，卻一直是我努力學習的對象。

小學畢業的時候，博文老師用毛筆在我的紀念冊上寫下古人「火動則不能燭、水動則不能鑑」的勉勵話語。這句話，證明老師對我相當了解，對於任性不馴的我來說，這真是非常「到點」的警醒。如今年紀愈長，愈是曉得「靜」的重要和樂趣。智慧的人，智慧的話，在人生的長路上，總是愈燒愈明亮的。

明信片的兩面

健斌老師的藍天

不知是誰説過，真正的強者都是溫柔的。健斌老師就是這麼一個既平靜、又優雅的年青人。那時候，學校裏的老師分兩類，其一是曾經參與創校工作的女教師，年紀較長，最少也接近五十歲了；另一批則是年青力壯的生力軍，大多是男老師，都只有二十出頭，剛打師範學院畢業不久，充滿活力——健斌老師就是其中之一。

老師高大，略清瘦，架眼鏡，相當英俊。他教我們英語。很難忘記他那柔和但充滿信心的嗓子，讀起書來像在教堂裏清唱著聖詩，聲音雖輕，卻傳得很遠，使教室裏本來寂靜的空氣，更添幾分清幽。每聽他朗誦，我就深受吸引，像深山聽泉的小孩子，感到語言文字，自有其典雅自然的、與生俱來的神祕之美。老師很用功，英語學得仔細，即使當了老師，仍不懈看書學習。上課時每個小節都解釋得極其清楚，為我們打下了很好的基礎。一年之後我打這鄉間小學堂考進了市區中學，上課聽的差不多全是英語，竟然沒有甚麼困難，其實都是老師的功勞。

除了上課，老師比較沈靜。記憶裏，他不時會輕描淡寫地提到聖經裏的故事，那語調，就像在說家常。他走路從來是靜靜的，手裏持著的書本也總疊得整齊。我們覺得他有點憂鬱，也有少許神祕，所以即使是那些愛向老師撒嬌的女同學，見到他也自然少了話，讓他微笑走過就算。

沒多久，有關老師的傳聞就相繼出現了。一些同學說，他以前曾經在別處談過戀愛。同學們吱吱喳喳，指手劃腳一番，卻從未說過一些具體的事情。我當時跟小書友不熟落，屬於「無知」一族，小友伴讓我站在一旁聽，已算是給足了面子。不過我對於這些傳說，總有幾分懷疑。他們又說，老師失戀了，才躲到鄉間來。可是，歸根究柢，我是對小書友們竊竊私語的行徑有點抗拒，更因為我喜歡老師，就一廂情願地認為這些事情，總不可能在他身上發生。許多年後，我才理解到當時自己的想法是不必要的。

然而，當日課堂上，我注視著健斌老師，心裏仍不禁把他和許多浪漫故事聯想在一起。有 一天，老師偶然看見我學生手冊上的照片，笑說「That's pretty！」那時候，老實說，小女孩的心還著實歡喜過好一陣子呢！

我升中的那年暑假，健斌老師同時亦負笈海外，再次成為學生。相信這就是老師溫柔的微笑後面，一直堅毅努力的目標。之後我收到過一張飛渡了半個地球的明信片。老師用一枝細嘴鋼筆，在背面寫上了許多清秀整潔的中文字，敍述他出國後的遭遇。老師教的雖然是英語，但在教室以外、香港以外，他右手揮動之處，寫的仍是中文字，它們疏密有致地排列著，並沒有留下教人感到遺憾的空白。至於那明信片前面的風景是甚麼，我早忘了，只記得一切的景物之上，是彼方世界一個開闊的藍天……

鐵畫銀鈎
記國堅老師（一）

認識國堅老師，打從他那剛勁挺拔、出類拔萃的書法開始。

那年我轉入這山間小學做三年級插班生，實乃環境所逼，心裏千百個不願意。開學禮那天，穿上了土裏土氣的校服，酸著腿站在黃沙滾滾的泥地上聽年老瘦小的恩信校長喃喃訓誨 ，我更感到難過。早聽說這學校不但規模小，成績更是差勁，這兒的畢業生，很少能在升中試中獲派中學學位，考得上好學校的，更是寥寥可數了。我實在擔心，自己一生的學校教育，有一天會在此結束。我呆呆的站在那裏，任由汗水打耳側滑落，只管皺眉咀嚼自己的「不幸」，根本無法接納師長苦心的提點。九月火烈的驕陽烤得小書友們頭昏腦脹，焦躁不安，站在我前後的同學早已開始掀衣弄髮，大聲聊天了。我是新來的，無人理會，更不免擔心成了指點談論的對象，直是如困熱鍋，苦不堪言。就在我東張西望的時刻，一個深綠色的「黑板」映入了我無聊的眼簾，那上面——

是誰的粉筆字呢？寫得真好啊！我心暗中喝采。

小時候媽媽嚴厲督促我練字，幾年下來，我的書法雖未練好，卻已開始約略懂得甚麼是好字了。眼前這些，實在寫得精彩。本來我對這小學校裏的一切，充滿疑慮，更不相信這裏能有幾個「出色的」老師，但當我吃驚地發現了黑板上這些清勁整齊、如鐫似刻的白色筆畫時，我這個偏見馬上遇到了挑戰。這時，喧嘩的操場忽然靜了下來。我抬頭一看，一個年青的男老師已然站在木塊疊成的臨時講壇上，正用嚴肅的目光瀏覽全場。

「喂，」身後的小書友忽然向我說話了：「那個就是陳先生。」

「陳先生？」

「就是。寫那些字的就是他。」

「你……怎麼知道我在看那些字……？」

「誰都一樣，來了只管看他的字。每年都由他寫。甚麼開學禮散學禮，總是他寫的。」

我再凝視遠處那墨綠色的木板，板上寫著的，不外是些沈悶的大會程序，但那些疏密有致，奔放而又整齊的書法，卻使人看得饒有興味。我不禁注視台上正在訓育我們的那個人：短髮、強壯、高大，說話時聲音清亮、速度均勻，慧黠的眼睛，像早已看進了所有小孩純真而反叛的世界。他給我的整體印象是聰明，非常的聰明。

「多棒的陳先生！」我心中念道，「陳先生會教我嗎？」

三年之後，國堅老師終於成了我的班主任。然而，烈日下那徬徨焦灼的一刻，我怎也猜想不到，這位年紀輕輕、看來像哥哥一樣的師長，會對我這一生產生如此深遠的影響。當日，我目光所經短短十來尺的一段路，正是日後我努力去縮短的距離，那教我起步追隨的誘惑。老師的學問、風格與品德，有如一張優秀的字帖，讓我臨摹。如今，在二十年的另一頭，書法雖然尚未練成，但我已決定一直研磨下去。我不知道自己何時才能夠寫得和老師一樣好，只曉得只要我依然蘸墨，仍舊提筆，我那管揮寫生活的狼毫，一定會繼續以懷念的撇捺，繞繚出我心中無盡的感激。

毋為牛後

記國堅老師（二）

中文字寫得那麼好的國堅老師竟然不是中文科老師！

我站在沙塵擾目的泥地上，瞇起眼睛看他。同學們正在列隊，他拾起一個籃球瀟灑地往球架上方一拋，投中了，同學們發出一陣純真的歡呼。

國堅老師今天穿著一件白色的反領運動衣，脖子上掛著哨子，看來充滿活力，很是神氣。

「他原來是體育老師！」我對新結識的詠芳說。

「不，他主要教高班算術。」

「他兇嗎？」

「不兇。但我們都很怕他。」

「為甚麼？」

「誰知道，總之就是這樣，你說奇怪不？」

我呆呆地站在那裏，對國堅老師的好奇心更大了。

我拿起一個籃球，觸手的凸起微粒傳來可感的真實。老師沒讓我們馬上學投籃，只教我們短距離傳球。一切得由基礎開始。我們踏前一步，送球出去，自己不得失去重心；然後又後退一足，兩手迎球，卸其衝力、納其入懷。簡單的行止之間竟然都是學問。之後幾年， 我不斷經受老師給我的各方面基礎練習。那就像這傳球動作，雖然單調重複，我們的腳掌隔著薄薄的布鞋膠底，給曬熱了的沙地烤得炙痛，但大夥玩得饒有興味。隨著老師學習，總有這種感覺——不知何故，再勞苦也感到刺激。

上了六年級，老師當班主任。因為得應付升中會考，我們白天上課，下午回家做功課，晚上又回校補課，一天見老師兩趟。沒多久，老師又挑了差不多四分一班的同學參加他負責的清晨跑步訓練，我們可說是他生活中最「重要」的人物了。那時老師住在山上一間小平房裏，與他一起的還有健斌老師和另一位鄭老師。小平房就在學校附近，早晨老師推開窗子，就會看見學生走過。他的二十四個小時，除了睡覺，就是上班、補課、改作業，差不多全給了我們。對於早已離開了父母生活的我，老師的言行更成了楷模。

忙碌的人很少也能夠真正從容平靜，但國堅老師正正是這種人。他話不多，卻有力，到點，比喻貼切，聲音響亮。六年級學分數四則，他每題都解得明晰簡要。後來，他還教我們代數、集和邏輯。這些新數觀念，對小的孩子來說，很是有趣，對我們的思維方法、語言技巧和分析能力也很有裨益。後來我考上了全港第一間教授「新數」的中學，初時數學成績還算不錯，全因為他教導有方。鄉村小學中竟有眼光如此遠大的老師，如今想起猶覺驚奇。

我一向比較喜歡中文科。國堅老師認為我的數學成績不夠好，就加緊鍛煉我，買最深的練習給我做。其實那時我的算術成績已在三甲，但他認為我應該更好，經常明喻暗諷的，激勵我用功。一次我給模擬試卷難倒，只拿了個二級，他就在我的卷子上寫了「牛後」兩字 。原來他拿我和早一、二屆名列前茅的大哥哥大姐姐比較。我反覆咀嚼「寧為雞口，毋為牛後」的意思，終於明白老師對我寄望甚高，慚愧交雜著驚喜，決心要在數學科拿個一等成績，自此數不離心、卷不離手，老師教的社會科也拚了命，終於得到了滿分。老師從來不肯當面讚誰一句，那次呢，也不外對我微微笑了一下。

老師常常微笑，滿有內容的那種。你成績差了他笑，成績好了他仍是笑。那與校長的苦口婆心自是不同，對於那時候的我來說，也當然更具魅力。

臨近畢業，老師請我們到他家去玩。他哪裏想到：他的完美英雄形象一下子完全給破壞了：怎麼可以呢，滿屋子的臭襪髒衣，窗台上的破舊雜物全都是塵，我們張大了口。這時，廚房卻傳來了紅豆沙的誘人香味，老師著令一個男同學分派餅乾。碗碟碰響，咀嚼的聲音開始切入大夥的笑聲和說話裏。這時，分發食物的男同學忽然走到我身旁，神神祕祕的告訴我，說有一次他路過，竟看見眼前這三位年青的老師，每人抱了個枕頭，正隨著音樂在陶 醉地跳舞。我聽後忍俊不禁，哈哈哈哈大笑起來，餅碎噴了一地，用手掩嘴也來不及。此刻我再用心看看穿著拖鞋的國堅老師，忽然又覺得，這個下了班的他，其實更是親切可愛 。

「爸爸」帶我上餐館

記國堅老師（三）

升中試近在眉睫，學校上下都非常緊張。我整天背成語，串英文字，鍛煉心算，忙得很。國堅老師還得給我們選學校。

我一直心儀聖保羅男女中學，其他有名的學校，只粗略聽過幾間，可謂孤陋寡聞；又只見前兩屆的第一名都考進了聖保羅，自然不作他想。可是老師說：「聖保羅不適合你。」我心下一冷，難道我的成績不夠好？「不，你用心的話，一定能考上，但在那裏你不會快樂。」那為甚麼老師又鼓勵去屆的同學投考聖保羅？我納悶。

「每個人的性格都不同，你應該相信老師。」

我相信了他。往後七年，伊利沙伯中學帶給我一生中最難忘的美好日子。

但這個時候，我從沒聽過伊中的名字，我填報了這個「第一志願」，心中不無忐忑。不過父親不在身邊，我不信靠老師，又信靠誰呢。

於是有一天，當老師給我補課時，我竟一時糊塗，喚了他一句「爸爸」。他仰天大笑起來，久久未止。我嚇呆了，臉一定很紅。幾年後老師結婚了，生了個胖嘟嘟的娃娃，竟真的取名「燕菁」，不知與那次的「意外」有沒有關係。

其實，那句「爸爸」著實頗能反映我當時渴望得到照顧的潛在意識；至於老師，相信亦願意把我看作兒女。他很關心我。我的近視眼，就是他首先發現的。那時我坐在最前的位子，仍得瞇起眼睛才看得清楚。老師皺眉望著我，又笑了，「叫爸爸給你配個眼鏡吧！」他說。我戴著眼鏡回來了，他還跟同學一起笑我，喚我做「四眼妹」。我成了班上的稀有動物，相當得意，竟也不覺鼻梁上那漸大的壓力是甚麼苦楚——直至我長大後走進壁球場。

為了鼓勵我繼續求學，國堅老師有時也會來點「物質引誘」。他知道我家窮，極希望我能考取五年的政府獎學金，完成中學課程。因為爸說過，如果我要付學費的話，就不能讓我升中學，那時我就只有日間工作，晚上讀書了。國堅老師對我說，如果我爭取得中英數三科一級的成績，他就送我中一全年的教科書，和一對筆。我知道老師其實不外在找一個藉口來資助我，心裏感激。可惜我終於讓他失望了。那真是我生命中的第一個滑鐵盧——雖然我英、數兩科都考得很好，最有把握的中文科卻只拿到了個二等分數。老師歎了口氣，沒説甚麼。驕兵必敗，實是不二真理。

分手在即，老師忽然説要請我吃西餐。那天晚上，我盡量穿得最好，因為我要見未來師母了。

她是個端莊的年輕女郎，打扮雖略為保守，但很可親，一直帶著和藹的微笑。那天晚上，我走在老師和她的中間，竟感到一種久違了的幸福。上次自己讓父母一人拉著我的一隻手，由樓梯頂端「飛」下來，是幾時了？即使偶然隨爸爸回穗，見到媽媽，他們的手就是不用拉著弟妹，亦應騰出相握吧？此刻我拉著老師和未來師母，雙手溫暖而飽滿，叫人因著一種無名的喜悦而想下淚。

老師為我叫了一客「全餐」。那時的西餐館有「常餐」、「全餐」之分，前者是後者的「撮要」，我與爸爸在橫街的茶餐廳吃過一次。這個地方可大大不同：情調幽雅，室內一片暗紅，桌子上鋪了布，想是很「高級」的了。我硬生生地坐著，由得服務員給我擺放餐具。他總是一邊放刀，一邊放叉，一層一對，一對後又加一層，前面還放了個圓圓的湯匙。

老師見我茫然不知所措，又笑了。然後他開始詳細地告訴我：最外的先用，一對一對的用，來一碟用一對，喝湯時碗應該稍稍向外傾斜……我頭都昏了，卻猶覺得頗為有趣，於是用勁切切割割，吃吃喝喝，終於吃得飽了好幾天。多年後憶起此事，很懷念老師和師母。老師他們當年想到我在離島生活多年，不習慣城市生活，怕我會出洋相，竟特別為我安排這樣的「練習」，我怎能不感激呢？

許多日子去了，我糊裏糊塗地又吃過許多西餐——便宜的、昂貴的，排檔那種，還有酒店那種……就是沒有一個像那次的味道好。不過，那也是個傷感的晚上。從此，我不再是個小學生了，童年已然過去。我攪拌著橘紅色的湯，好像一下子被旋進了往昔，那裏，清晨是透明的涼風習習；夾道的老榕堆起了山路的斜度，偶爾打鬚葉間漏進幾片純色的天藍。老師在那裏，領著我們向上邊叫邊跑，像山嶺間彼此追逐的白雲……

重逢

記國堅老師（四）

小學畢業之後，我與老師只見過幾面，就失去了聯絡。那時老師已辭去教職，換了工作，也搬到了九龍定居。幾次見他，我都有點訝異，結了婚的老師，一次比一次消瘦。

沒多久，老師搬了家，沒有與我聯絡上。那時我隨著父親在深水埗一帶到處租住別人的房間，地址常變，許多師友就在粗心大意間失散了。往後的日子，雖然常常想起老師，卻也沒有積極去找尋。世事兩茫茫，相隔何需巍偉的山嶺；城市的可怕之處，就是幾條街道的差距，即可使有心無緣的人終一生而不復相逢。聽見舊書友輾轉傳來老師患了肺病的消息，已是兩年以後；心神恍惚處，又聞佳訊，說老師已經復原。只是我始終沒有知道老師的下落。

歲月是前面的慢，過了的快。一回頭，自己已脫下了校服，在港大一待多年，取得碩士學位，結了婚，也生了孩子。前年的聖誕節前不久，我在校際朗誦節中負責部分評判工作。那天吃過午餐，我忽忽趕到會場，雖已初冬，仍因為有點急躁，弄得滿額是汗。我坐到評判員的位子上不久，就看見一個人，自觀眾席向我走來。

「燕青，真的是你嗎？」

我抬頭一看，是國堅老師，是二十年後的國堅老師！我驚喜交集，竟不知如何反應，這時老師已經在與我握手了。他說：「我在節目表上看到了你的名字，就叫校長讓我帶隊來看看。你知道，我並不是中文老師。」

我當時很感動，卻無法說一句適當的話。朗誦比賽馬上要開始了，許多參賽的小朋友和他們的父母師長正等著，我沒有機會與老師多談，只問了幾句要緊的話。原來老師再執教鞭已經八年，而且搬進了新界居住，他還寫了新住址給我。我握著他溫暖熟悉的大手掌，忽然感到美麗的人生，如何已自他與我的指縫間日漸流逝。當年的國堅老師，結實俊秀，比自己今天還年輕，如今他已人到中年，臉上的新銳之氣竟已成了睿智與祥和，嘴角的笑容不再是鞭策，而是包容。他穿著一件款式古老的襯衣，讓人感到一個過去了的年代，仍在他眉宇舉止間存活，真實，延展。我無法制止自己凝視他的臉。形狀是一樣的，若隱猶現的微笑是一樣的，眼神的深遠卻已不同。老師老了。

「老師要多作運動了，肚子太大了不好看。」這竟是我惟一的答言。老師哈哈大笑，走回了位子。

那天我很認真地完成了工作。在他的眼裏，這小女孩是否已經如他所願地成長了？再次向他告別，我帶著複雜的心情走到車站候車。一回頭，冬陽裏噴香的糖炒栗子叫住了我的視線。我想起饞嘴的小女兒，抵受不住引誘，走過去買了一袋。

才抬起頭，老師領著他現在的學生，正向我這邊走來。我看見那些才七、八歲，穿著校服的瘦小女孩，走在高大的國堅老師身邊，心中忽然一酸，竟看見了二十多年前的自己……

又一年過去了，我收到老師的賀年信，和一張手寫的揮春，以及一個大大的「福」字。我拿著那長方形的灑金紅紙，感到無限溫暖。二十年過去了，老師對我的了解一如往昔，他永遠知道我心裏最關注的是甚麼。「老少平安」四個剛勁的大字，正道出了我心中的希冀。

老師你也平安，且要過得快活。我雖無法再像當年一樣，每天向你道早，心裏卻充滿祝福。無論怎樣，我總會如你所望，向難處用功，扎實地成長；雖然卑微，卻能堅強地過著全屬我自己的誠實生活。

中學的時候……

比考第一更重要的事

倩儀老師的三個問題

我上中學前，國堅老師語重心長地「警告」我：「最初念英語學校，會遇上許多困難，有時候會聽不懂課。你考上了一所好學校，學生的底子都很不錯，在班上你不會再像現在那麼出眾。要知道，我們這裏只有那麼幾個小班，程度也低，你要考第一並不困難；上中學以後第一次的成績發了下來，要是一下子滑到三十多名，一定不好受，所以你得有心理準備。」

我聽得心裏發毛，卻也覺得這是理所當然的。英諺有云：向最好的盼望，作最壞的打算。果然，中一開課那天，班主任一出現，就帶領我們如何接受這「打算」的內容。

她姓盧，很和藹，老笑，表面看不像特別聰明。她給我一個很強烈的感覺：清潔。她的小腿瘦而挺直，鞋子的款式很傳統，淺淺的半跟鞋，很端莊，也很秀氣。我喜歡她的每一件連衣裙，顏色淡素，線條簡潔，像一片晴天的雲，自有光彩，卻靜謐而平和。記得她好像不愛塗指甲，天然的軟甲粉紅透薄，細緻而柔和。最忘不了的是她輕輕皺著的眉，流露的不是憂戚，而是一種實在卻難懂的幻惑，一種永恆的思索。她聽我們說話，坦率的眼睛隔著眼鏡像有許多要問、許多不懂似地看著你的臉，是個完全投入的聆聽者。後來我才知道 ，多年前，她是我們學校的畢業生，而且是「頭女」 ——領袖生的領袖。

一進教室，她就笑了。閒話幾句後，她就問同學們是否知道男女同校教育的意義。可能因為大家都是新來的，年紀又小，誰都沒敢答。等了一會，她又再送給我們一個皺眉下的笑容。她笑時的嘴巴真好看，線條準確明朗，淺紅的唇柔軟而潔亮，圓滿卻清薄，彎彎的流露一小片純白的月光。「是希望你們將來能夠更好地面對一個有男有女的世界，」她說。 停了一會兒，又輕聲問道：「懂嗎？」

十五分鐘後，我們已被分配到新的座位上了；女孩身邊有兩位男孩子，男孩前後也有兩個 女孩子。起初大家面面相覷，有點兒尷尬，卻因為待遇平等，互生同情，反感到彼此「親愛」起來；老實說，這安排還讓我們感到相當刺激呢。

安頓不久，她的第二個問題來了：「不戴眼鏡的同學有多少位？把手舉起來好嗎？」

六隻右手舉起。我吃了一驚。在鄉間小學那簡陋的金字頂教室裏，我鼻梁上那副黑膠框框使我格外出眾，一夕間成了稀有品種；但在這兒，沒戴眼鏡的反倒是清爽利落的少數民族！大家格格笑了。

老師也笑了，仍是那樣把眉毛輕輕鎖在一起，像要把那些奪目而出的心事都拘押到沈默的唇間。多年後我逐漸明白那略為憂傷的微笑，因何情不自禁地在一個慈愛的老師誠懇的臉容上隱現——淡出無知幸福的童年，溶入少年晃蕩繽紛的世界，這一羣孩子，本該有公開考試以外的路可走吧？

她還沒有問完呢。

「那麼，請大家再幫幫忙——從前在小學經常考第一名的同學又有多少個呢？」

這話剛完，幾乎所有的右手都舉了起來。這次大家不笑了，只慌亂的到處張望，大家心裏暗吃一驚，想道：「天哪，全都是高手呢，這場仗可真難打啊！」

「三十二位。」老師數完了，微笑再度浮現，仍是那未收勒的、沈潛的、好像浮出水面那小部分冰山，充滿暗示性：「往後，」她說「我們班上每學期只有一個能考到第一名的同學——所以，這事情，反倒不那麼重要了。」

懂嗎？

我們不懂，只那麼瞪著眼看老師隨著鈴響緩緩離開教室。馬上，大家迫不及待的、鬧哄哄的交談裏，閃過一些話：她很「好人」，她很好看，她很……

二十年後的今天，我更想說，她很了解她的學生，並希望培養我們以面對問題的方法，化解自己心中的重壓。這和國堅老師的想法很相似，只是，國堅老師擔心的單我一個，她擔心的，卻是這素未謀面的四十個少年人。

果然，這班上三十九人沒考到第一名，但他們都能愉快開朗地升上中二，因為一年下來，倩儀老師讓我們知道，有許多，不，是絕大部分的事情，比考第一更重要，更使人感到生命活潑而圓滿。

銀雪下的春天

洪老師溫暖的心

我的數學天分不高，但與數學老師好像格外親密。上了中一，我遇上許多好老師，但最鼓勵和照顧我的，要數教數學的洪老師了。

相對於倩儀老師的溫柔，洪老師予人的感覺是嚴厲、寡言；他目光灼灼，卻帶著幾分不相稱的落漠與滄桑。他個子不算十分高，但看來相當強壯，只是背有點彎。最特別的，是他的歐洲人臉孔。他們猜想他是個混血兒，只是誰也沒敢去問他。老師的嗓子非常動聽，又圓又亮，多年教學，並沒有損毀過他的聲帶一分半點；要是你閉著眼睛聽，一定會以為他是個才二十出頭的年青人。我常竊想，老師大概是哪個合唱團的成員，只是我們不曉得罷了。

老師很少笑。許多年後我仍記得許多關於他的事，卻無論怎樣，都無法憶起他的笑容。他雖然才及中年，短硬的頭髮已白了一半，耳畔早是銀雪紛紛了，只是他也不去理會，由得年齡歲月清楚坦率地攤露出來。老師精神好，聲音也響亮，在我們看來，他的銀髮是威嚴的標誌，磊落高貴，比那些塗烏染黑、遮遮掩掩、自欺欺人的所謂「翠髮」好看多了。

老師講課從容不迫，卻沒半句多餘的話，每個觀念都交代得清楚。他是個認真的人，粉筆字寫得一絲不苟。恍惚記得他走路的姿勢，也是那末慎重，好像那也是一件必須做得完美的事一樣。為此，我們上他的課，總也帶著幾分戰戰兢兢的心情。我沒有數學頭腦，抽象思維能力不夠，遇上好老師循循善誘，成績還過得去；遇不上，就馬上退步。我中一那年數學成績比往後的都強，是因為洪老師教得實在出色。

一天上課，我看不清楚黑板上的字，把眼睛瞇得像根線。老師突然叫我，我慌忙站起來。

「你近視有多深？」他問我。

「一百五十度左右，」我回答，很難為情。

「那你出來。」

我走到前面。他自口袋裏掏出一串鑰匙，拿起其中一條，說：

「你到停車場去，找出粉綠色的福士小甲蟲，把門開了，方向盤附近放著一個眼鏡袋……」

幾分鐘以後，我已戴著老師那二百多度的黑色眼鏡上課。它又笨又大，碰著鼻梁冷冷的， 卻教我眼前的世界清晰起來。

「回去叫家裏給你換一副眼鏡。」離開課室時老師對我說。我抬頭看著他，心裏有許多話 ，卻難以啟齒；我該如何告訴他，我家裏負債累累，基本生活都無法解決，根本就不會有錢換眼鏡呢？……

但幾天之後，我還是吞吞吐吐地跟老師說了。幾星期後，老師為我找到我有生以來的第一份工作：給他念五年級的女兒補習。我有了收入，換了眼鏡，學習的情緒也好得多了。

每星期有兩天，下課後總是老師在停車場等我，接我到他家裏。一段短短的路，讓我一點一滴地深入認識到老師的為人：他嚴厲的臉孔掩蓋不住他對子女的慈愛，對學生的關心。 從他口中，我知道了我們級上經常名列前茅的那位男同學，如何在某名小學遭勢利老師虐待；也知道了一個女同學因家境貧困、面臨輟學等等事情。老師似乎有意無意地要我明白 ，我的困境並不是獨有的，班裏許多同學都在奮鬥，我毋須自憐自閉，應該努力。「這是我教過的學校裏，學生素質最好的一間，但他們也是我的學生裏最窮苦的一羣。」老師這句話，二十年來我一直沒有忘懷；人貴自強——他話語背後的信息，我更會緊記。

上了中二，那位女同學終於退學了。她平素沈默訥言，朋友不多。老師知道了，就找了幾位與她比較熟落的同學，一同到她家裏找她，勸她復學。這件事，是許多年後，其中一位同學告訴我們的。雖然始終她沒有復學，我們聽後都很感動——洪老師對同學的關懷，比我們的班主任更多更深。

那位考第一的男同學就幸運得多了，後來他在加州理工學院取得學士學位，再考進麻省理工和哈佛，同時修讀工程和醫學兩個博士學位，而且都完成了。無論在學業之上成功與否，相信兩位同學深藏的記憶裏，必有洪老師在，這是我深信不移的。

師母與老師一般，對我們很好。那時我每逢週末到他們家去做家教，都穿著很舊的衣服，那是我的表姐們留給我的。師母見了，就帶我上街，給我買了一件裙子，和一雙丁字帶「其樂」鞋。我起初不肯要，她卻要生氣了。後來我穿著那雙鞋子上學，達兩年之久；到了今天，每在店子的飾櫥看見同樣款式的童鞋，就想起她。後來我進了大學，做兼工掙了點錢，又再買了一雙一模一樣的，一直穿至畢業。別人也許會覺得我怪，但他們當不會明白，許多時候，人會選擇逗留在他的童年或少年，那充滿人間溫情的地方；而洪老師和師母，正是我回溯的腳步找尋的一站。

「對不起，老師，我不會」

章老師，請勿見笑

我成長的過程中，章槼老師是我最重要的師長之一。沒有他，我的個人歷史得改寫。

念小學時，我認為自己的中文比誰都好，很驕傲，把時間都花在英語上，老以為中文是不用下工夫的，它自會流暢起來。升中試摜了我一跤，滑鐵盧的慘敗卻沒有把我摔醒。在中一的教室裏，我帶著沒有根據的優越感打開了課本。

長得並不很高的章老師微笑著走進來。他並不年輕，五十歲該有了，瘦瘦的，頭髮梳得整齊。大熱天，他穿著長袖襯衣，卻把袖管子捲起。他的腰挺得很直很直，樣子滿有精神。他先不說話，走到黑板前，用力寫下了「章槼」兩字。真是好字，筆力強勁，鐵劃銀鈎，那種骨氣直透板底，更叫人感到它們在發光。國堅老師以後，我從沒有再看見過叫我這麼感動的黑板字——直到章老師舉重若輕地提起了粉筆。往後的日子裏，我對語文老師的書法要求很高，字不好的，很難叫我用心聽課。

我吸了一口氣，老師開口了。他教書先不讀課文，也不解釋甚麼，先問問題。他的問題不容易答，卻總有人能答，可只是沒有一次是我。漸漸的我知道自己的中文修養只有那麼一丁點兒，竟然比不上坐在身邊那個頭髮整整齊齊的木訥女孩，心裏好難過。小學畢業前，我曾對國堅老師說過，自己將來是要當作家的，現在表現得那末差勁，該怎辦？

幾星期過去了，瞇著眼睛笑的章老師連眼角都沒瞧我。問題還是一條接一條的來，我還是答不上。怎啦他老把最難答的分給我？！站起來說「我不懂」真不容易呀！

然而，一過了問書時間，聽章老師講課是很好的享受。他不像其他語文老師，他們只會把課文後面的註解重複講一遍。他解書，不但解字義，更解釋字義背後作者的心態和語氣。念古文的時候，他更要我們即時把古文口頭繙譯成白話文——又是很困難的。

後來我曉得，初中的時候「困難」一下，對我們很有作用。往後念中文，就順利多了。一年漸漸過去，我那句「對不起，老師，我不會」說慣了，開始「厚顏」起來，竟沒再感到臉紅耳赤了；反而學習到，天下事我不會的實在很多，「對不起」這句話於是成了我把腦袋張開時的開場白。

長廊背影

老師的話和父親的心

上了中二，章老師不再教我了，可是不知怎的，我反而覺得他更親切。他從來沒表示過他特別喜歡我，可我覺得這樣倒好，因為這樣我可以祕密地、盡情地去喜歡他了。

好景不常，我快樂的學校生活突然陰霾滿布。爸爸受黑社會威脅，要他定期繳交保護費，不然不讓他繼續在鴨寮街擺攤子賣收音機。家裏百上加斤，要求我停學。我很難過，童年在孤獨中度過，伊中給我的快樂無與倫比，現在卻要輟學了……我跟父親爭吵，抱枕哭泣，求助無門。絕望中竟忽然想到了章老師。

真是神的意旨—— 爸爸肯去見章老師！

長長的走廊，兩頭是樓梯。我躲在梯口，既緊張又難過。爸爸愛我，要我放棄學業，是不得已；我也愛他，雖然很想念書，卻又不敢想像他讓黑社會逼害……此刻，他站在走廊中間，身子挨著石欄，正與章老師談話。兩個人站得很近，手有點動作，好像在一面看風景，一面閒聊。那時是小息，學校裏到處都是穿著校服的同學——這件小藍格裙子啊，穿在誰的身上都那麼合襯！只有我，我覺得它輕飄飄的，好像隨時會飛走，剩下我一身女工的衣服……我看到自己從長沙灣的工廠大廈走出來，竟不敢朝旺角那綠樹成蔭的熟悉小丘挪近半步……

陽光下，爸爸不時點頭，章老師還在説話。上課鈴聲已經響過了。操場在樓下靜悄悄伸展著，突然變得很大很大。我最後一個走進教室，心頭忐忐忑忑……

晚上，爸爸輕輕告訴我，我不用退學了。我很想很想問他章老師説了些甚麼，不過我曉得爸是不會講的……

此刻，我又攤開了語文課本。這一年，站在講台上的陳嘉老師，他正向著我們燦爛地笑。教員室裏，不用再批改我作文的章老師，大概正端來了一杯熱茶，溫暖著兩手，為一個孩子明媚的前景，打從心裏滿足地笑著。

手舞足蹈的陳嘉老師

陳嘉老師從沒教我想起語文課，他教人想起網球。年近退休的他，還蓄著平頭，頭髮從不長於一厘米，大眼睛極富表情，黝黑的膚色分明是陽光栽培出來的，讓人一看就知道他的健康極好。他比別的老師都愛笑，笑起來兩排又白又齊的牙齒閃閃亮。老師穿西服上課，但不知怎的，再斯文的衣著仍鎖不住他渾身的活力。你看著他，就會感到那不經意的舉手投足間，仍存活著一個好奇又好動的孩子，坦蕩、熱誠、對事對人流露著迫不及待的關切。

老師上中史課，投入感極強；談到激憤之處，往往拍桌頓足，不能自制。印象最深的是那一天的中文課，他本不在講歷史，不知何故提到了靖康之難，他竟無法自制，激動地把宋高宗罵了個狗血淋頭，又對時人完全怪罪於秦檜，不敢直斥高宗的卑鄙自私唏噓不已。我呆呆坐在那裏，第一次感到歷史和自己是那末接近，那過往的一切，忽從書本躍入了人間。這一刻我領悟到，讀書人不但要學習認識古今作者的脾性，更必須也注入自己的立場與格調，才可把書本的生命讀醒，讀活。也許這裏面免不了主觀的理悟與詮解，但總比視人生如死物、視話語為紙張強。

陳老師很重視我們的書法訓練。他要我們每週習字二次，默書、作文、謄文都必須用毛筆來寫。此外，他又要我們每人買一枝鋼筆，在四百格的原稿紙上練習，每週八百字。練習交給他，他例必批改，打分，發回。這些去去來來的紙張我一直存著，大學畢業多年後搬家時才不慎丢了。

沒多久，師範的代課老師來實習，陳老師不再教我們了。新老師認真而用功，每一課都準備充足，又年輕英俊，大家都很喜歡他。我卻固執地懷念陳老師——他上課時的率性、自如、流暢、對作品的深入個人體會，與同學們毫無保留的交通，絕非新老師能比擬。那段日子，我天天利用午餐時間打籃球，上課時樣子可能有點狼狽，新老師就有些不怎麼高興了。陳老師比你更開通，那時我竊想，他的心比你的年輕多啦！

中三時再沒有在學校碰到陳老師，他退休了，燦爛的笑容不再在黑板前閃爍，都換上了些拘謹嚴肅的臉孔。又過了一段日子，老師們説他已移民加拿大。

十八、九年前的事了。陳老師依然健在，已經七十多歲了。老師，你仍會不時握著球拍，在北美的夏日陽光裏奔跑嗎？可不要讓自己發胖了啊！

「小羊啊，是誰造了你……」

Mrs. Leung和她的以色列民謠

Mrs. Leung只教了我們那麼一陣子，就「消失」了。

那年知道她要來教我們班，大家都很雀躍。聽高班的哥哥姐姐說，她是學校裏最好的英語老師，也是我們的校友，甚至連她在校時的戀愛史，我們也預先知道了。

她走進教室時已經在笑。小小的個子，短短的頭髮，像個學生。我清楚記得她嘴唇的線條，很飽滿，很清晰，閃亮著一種天然的潤紅色，牙齒出奇地齊，出奇地白。她的笑好像一朵永不凋謝的花，幾乎是與生俱來的一個表情，和暖而豐富。她的眼睛不是一個老師充滿要求的嚴峻眼睛，而是一個小孩好奇好問的眼睛。我們一看見她便打從心底裏歡喜。

她的英語課活潑有趣。她把文法放進故事裏去解釋，常說溫和孩子氣的笑話；她把同學分成兩組，教大家唱以色列民歌，一組唱，一組和；她也教我們念 William Blake 的小詩，猶記得她用溫潤如年輕母親的嗓子給我們朗誦：

「小羊啊，是誰造了你⋯⋯」

她是個虔誠的基督徒。

我們不叫她梁太太，也不喚她老師，背地裏喚她的洋名—— Susan。大家並無不敬之心，只是她太「親民」了，實在不像老師，不像太太，就只像名叫素珊的大姐姐。

歡歡樂樂的英語課一下子就完了。老師不知去向，可能是換了工作。一天上課，走進一位想已退休的老太太，喔，又是梁老師。她很瘦，腰板直，穿旗袍，英語說得很純正，很緩慢也很清楚。但她是不笑的。

年輕的梁老師連離愁都沒留下。我們毫無預備，她就離開了這一羣孩子的生活，成為他們一段短暫而美麗的歷史。

再遇見她時，已是二十年後。

越過風雨塵煙

是你嗎，親愛的 Mrs. Leung？

除了歲月，甚麼可以把那穿著校服的小女孩也變成一個老師呢？

語文教育學院每年都舉辦國際研討會，我照例參加了。會上遇到的老師、長輩和朋友數不勝數，教人快樂。

我去聽的是關於中文語文教學的報告，本來不會碰上梁老師。那天因有幾十分鐘的空隙，不想浪費，去聽了一組關於英語教學的，座上就看見了她。

「Mrs. Leung！」我情不自禁地叫起來，一下子卻又想到，這回必須重新自我「介紹」，免得老師因為忘了我的名字而感到尷尬：「我是……」

「胡燕青！」她伸手給我。

「你還記得我麼？」我拉住她的手，很興奮。

「還記得！」

我在她身旁坐下，細看二十年時日鋪落她臉上的風雨塵煙。她的臉形基本沒變，圓圓的，沒有胖起來，也不見得瘦了，但好像沒以往那麼白了，應有皺紋的地方細細布上了幾條，只是那笑容，那好奇好問的眼神仍一樣：安詳隨和的臉容蓋掩不了靈活聰明的氣質，就是這種氣質，教我一眼把她認出來的。

我們很快又聊得熟稔了，好像才分別了兩個月。我談到自己的孩子，她驚詫地說：「你也當媽媽啦？我真的老了！」之後，她又一如往常，親親切切，教我如何處理小孩子的種種問題。

正談得起勁，她的一個朋友過來招呼了。她站起來，熱誠地與他說話。接著，她回過頭來給我介紹了，又加了一句：「這是我以前在伊中教書時的學生，成績不錯。」

我一愣，沒想到老師這樣讚我，二十年後這樣的話真叫人感動。朋友走後，我問她：「你真的這麼想？」她格格笑起來：「不相信我啦？是真的。」就因為這樣，老師仍記得我？

「老師……」我忽然又像一個小小的女孩了，打開發還的作業本子，為一回的高分無理地高興。此刻，似乎仍只有她紅色的筆桿，才能寫出最美麗的預言；不管那是不是真的，我的心已經甜透了。

老師，感謝你。

流動的山川

Miss Wong的地理課

地理一直是我最喜歡的科目之一。純理科如化學，有趣的地方全在苦功之後。那些方程式盡由類似的英文字母和數目組成，弄得我眼花繚亂，像一個初次踏進教室的老師，遇上的學生一個一個名字相若，難以記憶，總之認不出來；物理呢，我較喜歡，成績比化學高一點，但一深入，它就牽涉許多抽象思維，我這人糊塗，搞不通。地理好玩，地理叫那些嚮往科學的人獲得巨大的滿足，又有如文學具象有趣，色彩豐富，教人愛不釋手。

我最喜歡讀的是 Physical Geography。這一門學問教你認識山啦、河啦、海啦，還有風雨陰晴，雲朵露珠……當然還有像大自然般靈活流動的黃老師。

黃老師給人的第一個印象是非常聰明。她從不開口責罵學生，但因為大家對她總有幾分敬畏，自然就安分守己。我一直很佩服她那種溫柔的威嚴和無聲的懾服力。黃老師個子不算高大，但走路快，說話也快，聲音很是清亮，目光炯炯有神，站在黑板前不停地寫、講、畫，好像總要用盡課堂的每一分、每一秒。她上課時，一種輕微而活潑的緊張氣氛滲透教室每一角落。最精彩的是，她永遠在你以為自己甚麼都明白了的時候來一個問題，使你忽然發覺，自己所知的不過很少。黃老師懂得給人小量的挫折，也會不時讓你獲得適當的鼓勵——她連小小的測驗卷都寫上評語，你答得好的話，她還會寫句鼓勵的俏皮話，讓你甜上三數年。

黃老師很年輕。我們做夢也沒想到，她才剛剛自港大畢業沒多久。她處理教室空氣的純熟手法，總讓我們覺得她已經有七、八年的教學經驗。

考試到了，黃老師出的題目被同學認為刁鑽古怪，難以應付。比如說，她教了你甚麼是地中海氣候之後，永不會直接問你那種氣候的特徵如何，在哪裏發生，在試卷上冷不防地給你一個怪怪的天氣圖表：冬熱夏冷，年中下雨。你答題時必須一下子便認出這地方在南半球，先解釋一番，再找出可能的地點——於是有些同學以為她錯出了題目。

老師說，直問直答只能培養死讀書的壞風氣，這話教我非常歎服，我並下了決心，假如一天我當上了老師，必定也採用這種活潑的提問方法。

可是，客觀環境改變了，歲月經常磨損我們美麗的計劃。去年夏天，我參加了青年文學獎主辦的中學巡訪，到一所官中去跟同學們談一些關於學習語文的問題。會後那所中學的一位老師走過來與我握手，並告訴我，他們副校長想跟我談談。副校長是誰？

是黃老師！她的樣子完全沒變，髮髻挽在腦後，但靈鋭的目光變了，變得祥和；清亮的聲音變了，變得沈厚；說話的速度變了，變得舒徐。我看見她，心裏感動。她從沒當過我的班主任，但只看見名字便記得我了，老師真是情長。我不是也變了嗎？變成母親，變成老師，在年月中離開了少女的自己。但此刻我看著笑語盈盈的老師，忽又變得年輕了，年輕如穿著校服那小女孩，充滿問號，期待答案。

不知怎的，跟老師談不多久，竟又扯到地理這科目上。老師說，目下的孩子興趣轉移了，以前的學生多喜歡 Physical Geography，因為那叫人多想多問，現在的同學反倒比較喜歡 Human Geography，因為那比較可以背誦、硬記，這教他們在進入試場時更有把握。

老師的話教人歎惜。死背筆記的洪水早已淹沒了求知好問的年代。我們相看苦笑，竟然面對面地懷念起對方來。黃老師是非常優秀的老師，但如面對一羣只知道考試的頑固學生，她的活潑靈巧反而成為一種缺陷了，可悲。

但老師是知道的，總有一些學生，雖然長大了卻並沒隨著歲月流失，在他們的少年記憶裏，她活潑、聰明、嚴厲和向上的流動活力，依舊鮮明亮麗，並且已經發展成為一個追隨超越的目標了。

初秋的驚喜

Miss Tam總是説我瘦

我們叫漂亮的Miss Tam做「譚小姐」。這大概因為她個子特別小，樣子也特別甜美，很有「小姐」的味道吧。老師長著剛剛過肩的烏亮直髮，眼睛閃著光亮，睫毛又黑又長，臉兒很小，下巴是尖小而渾圓的。我們都很喜歡她，上英語課時格外安靜。

譚老師被派做我們的班主任，事無大小，都很照顧我們。那時候我們那班成績較好，差不多所有老師都喜歡我們，書教完了，就天南地北地扯到其他話題上，數學老師為我們辦討論會，生物老師教我們善用維他命，物理老師坐在大草地上領我們唱聖詩。譚老師呢，她只管拚命教書，因為書也實在太多了。那年我們文理共學十三個科目，單英國文學的讀本就三、四種，女同學最愛《咆哮山莊》，一心升上中五主修理科的男同學卻只喜歡《動物農場》。譚老師把每個細節都講得清楚。她的聲音比較小，同學就靜靜地聽，那種溫柔諒解的美麗氣氛，我至今仍然記得。

譚老師很疼我。我的英語成績平平，起初不很明白她為甚麼會注意到我。後來見她每每說到瘦、弱、營養不好等字眼，就拿我來舉個例。同學們都笑了，她也笑，但溫柔的笑話裏流露著師長對一個弱小女孩的憐惜。我心裏感激她，多年來卻未說過一句感謝的話。

就這樣過了幾個月溫馨快活的日子，壞消息來了。校方決定把譚老師調到某個初中班做班主任，我們班則換上教中史的陳老師。這決定一宣布，全班嘩然。我們不肯上課，許多同學忍不住對著譚老師哭。班會馬上召開了，幾位同學代表大家與學校「談判」。校方的答覆是：如果你們覺得譚老師是好老師，就不應有獨佔她的心。我們那時很氣憤，總覺得學校不民主，卻沒想到這已大大傷害了另一位老師的心。

「譚小姐」不再是「我們的」了，這種心情教大家的學習情緒低落了好一陣子。春去夏來，蟬聲和車聲伴著書頁掀揭的颼颼，相繼送來了試卷和成績表。中四明媚的日子很快便過去了。

中五，升上了「英國文學」組，與擅長數理化的好友話別，與物理、化學說一聲透徹的再見——初秋澄澈，樓高一層那不甚熟悉的教室裏，咦，怎麼竟站著一個熟悉的人？我打從心底裏歡呼，是她，親切嬌小的譚老師，正拿著莎翁的《仲夏夜之夢》向我們微笑！

「燕青你真是少有的瘦！」這句話又不時在教室裏突兀地響起了。三十多雙眼睛又再好奇地向著我笑。唉，真窘，這回真的該多吃一點了。

面向歷史的日子

反對「天書」的 Mrs. Wong

教我們世界歷史的 Mrs. Wong 很豪氣、很瀟灑，自她以後，我沒再遇見更好的歷史老師。她長得很好看，皮膚白皙，臉頰微紅；不常化裝，衣著簡單，直髮剛過耳腳，一切都很自然。她說話快，語調中總有一種斬釘截鐵的堅剛，教人不敢懷疑。因為她的「強人」氣質很重，我們不免有點怕她，有時竟也會忘了她其實也是個年輕漂亮的媽媽。

Mrs. Wong 上課的方式頗特別。她很強調歷史不外常理，要求我們不停思索。她的方法是課上提問，答不上來的就得站著上課，直至一個教她滿意的答案出現為止。有時我們震懾於她的威嚴，沒把握的就不答，常常一下子就站滿半個教室。有一次，她說到俄國決定攻打弱小的鄰邦保加利亞，就停住了，要我們暫時扮演保國的元首，決定對策。許多同學答不上來，只好站著，她點名叫了班上成績最好的小高，要她出個主意。小高本著讀書人的風骨、少年人的膽子，誠懇地答道：「我就跟他打！」

Mrs.Wong皺皺眉，又指令另一同學作答。同學想了一會，說：「國家太弱，打起來生靈塗炭，卻還是得輸，我想只能簽個和約了。」Mrs. Wong道：「就是，沒有別的途徑了。」接著又向小高語重心長地說：「小高，你長大後可別當政治家啊。」大家笑了。這件事給我的印象很深， Mrs. Wong從不鼓勵我們死記硬背，她要求大家設身處地的去考慮歷史問題，真正走進人的世界，理解人的做法， 明白人的錯失與成就。

Mrs. Wong對出版商製造的「天書」很反感，上課時直斥其市儈。那時我們有一本很流行的溫習手冊，內裏把熱門的考題全盤收錄，又把答案分成若干大點小點，一併列出，大家只須背誦了這些答案，就能應付公開考試。Mrs. Wong痛恨這本書，禁止我們把它帶回學校。她認為這些都是扼殺獨立思考的「毒物」(不是「讀物」！)。

Mrs. Wong的課教人緊張，也叫人捧腹。她上課時很投入，一次「啪」地往桌子重重打下一掌，坐在第一排的女同學嚇得叫著跳起來。又有一次，她不知怎的竟然連鞋子都丟了，單腳跳著到後排去找，累得同學們強忍著笑好半天，好不殘忍！以後每提起她，大家就哈哈哈的笑彎了腰。但無論如何，

Mrs. Wong一般還是嚴肅而嚴峻的，跟了她，你休想懶惰，也休想只帶著半個心來讀歷史。

Mrs. Wong，你是美麗的媽媽

Mrs. Wong教歷史那兩年，我很喜歡這一科，在班上成績卻不怎麼好，只徘徊於及格的邊緣。背熟了書，答出了史實，Mrs. Wong還總是不滿意的。她要求我們認真運用答案中的每一個「因為」、每一個「所以」、每一個「於是」、甚至每一個字。每回做了essay，我總是很焦急，想看看她的評價。功課發回時她會同時印出她認為較好的同學作業，給大家參考。到了中五，我抱著視死如歸的心情參加公開試，成績卻意外地好，這真得感激她。是她，她一直啟發我們去啟發自己。

升上中六，Mrs. Wong再沒教我了。可幸我當了南社的幹事，她又是南社的導師，因此還有機會與她在一起。那天下課好久了，找她聊天。她仍在教員室裏，不知甚麼時候，把四歲的小女兒也帶來了。小妹妹眼睛圓亮，白白胖胖的，坐在用報紙鋪著的地板上，正讓媽媽用調羹餵著吃湯。Mrs. Wong用杯子給我們各人盛了一些。在學校喝熱湯，這還

是頭一遭。到如今，我仍然記得那淡黃色的清湯裏浮漾著的大豆芽是那麼柔和輕盈；湯面上閃亮的碎油滴反射著黃昏的微光，煞是好看。在這一剎那，Mrs. Wong向我們展露出她慣常埋掩了的溫柔，透過眼前這小女孩幸福的神態，我們好像忽然才發現了甚麼。

離校多年，斷斷續續聽到關於Mrs. Wong的消息。她當了副校長，一段日子後，又離開了母校，到別處任職。至於那長得白胖的可愛小女孩呢，聽說已經中學畢業，高級程度會考拿了幾科的優等成績，考進了牛津大學念法律。我們微微吃了一驚，讚歎道：「了不起！」但回頭一想，這有甚麼奇怪！Mrs. Wong最重視培養學生的獨立思考能力，自己的女兒，青出於藍很正常嘛。

惟一仍教我們耿耿於懷的是，歲月馳逝，人海茫茫，一份深長的懷念和感激，仍欠缺投遞的方向。老師請你保重。

我喜歡的生物課

愛讀新詩的鄒老師

從沒想過自己會喜歡生物課。最初的三節，更簡直教我手心冒汗。英語裏的生物名詞，長得不近人情，會寫了還是不會讀。企圖留意鄒老師的發音，卻只聽得滿耳朵顫顫長長的「r——」，他咬牙切齒地，正在把一個英文字努力念好！……亞米巴，草履蟲，唉，可怕。

不過鄒老師並不可怕，他可愛：瘦得出奇的臉，薄得出奇的唇，憨得出奇的表情，卻掩藏不住豐厚發放的熱誠。無論多悶的課，他都講得手舞足蹈，旁若無人，投入之時甚至抓頭，頓足，傻笑，大聲感喟慨歎。同學們看得傻了，哪敢置身度外?

鄒老師的課內外知識豐富，每節課總有二十分鐘「超水平演出」。「超水平」者，一指他所談內容，超乎中學程度。那時我們念的是尖子班，他不理會我們年紀小，大談高深學術理論。尖子中的尖子於是大快朵頤，狼吞虎嚥。我坐在那裏，一方面忍受被遺棄的孤獨（我在班上平凡得緊），一方面享受他和幾位優秀同學你問我答、口沫橫飛的神態，心情不可謂不複雜。

漸漸上了軌道，生物於我再不是太大的困難了。鄒老師的活潑也日漸大眾化起來。他開始有充裕的時間談維生素使用須知，談他至愛的中國功夫，談乒乓球，談文哲。同學們每提起他，輒用「神化」兩字，且總忍不住莞爾。老師性格鮮明，永遠像一個給母親追打的頑皮孩子，雖已接近三十，但仍教人一下子就想像得出他小時候蹲在小渠邊撈蝌蚪的神態。他很有同情心。一回我在實驗室頭痛難當，同學扶我往醫療室，臨離開聽見老師在歎氣：「無陰功咯，咁細個就……」不寫一句廣州話，實在難以表現老師悲憫的語氣。為了這句話，我一輩子記得老師。

老師教書，著重知識與實際生活的連結應用。一回他寫了一個驚人的食量數字，問我們誰需要吃這麼多東西。可選的答案有五個，但只有一個正確。其中有伐木工人和小巴司機。班上同學大多挑了伐木工人，認為伐木耗力甚鉅，必吃得多。老師皺了眉，理直氣壯地說我們常識不夠。他道：「如今伐木，一切電器化，工人用力不多，哪裏及得上爭分奪秒的小巴司機？！」我們為之氣結。不過，他出題之靈活，對生命之關注，卻予我印象極深。

我校當年恪守通材教育的原則，中五才分文、理班，文科班仍須修讀至少一門科學。我放棄了可怕的化學和好玩的物理，中五仍念生物。老師三年未換，師生感情頗好。老師領著我們的英國文學組去考生物，竟也取得許多優良成績。

離校多年，偶爾回訪，巧遇老師：一樣清瘦，一樣活潑，歲月的刻刀已留下明顯的鐫銘。老師一見我便開懷笑了，道：「你們那一屆的孩子真教人懷念！」我苦笑著答：「老師，都不是孩子了。」老師沒聽見似的，迷迷説：「那時上班，哪用講課？你們自己看看書就懂了，上課時天南地北，真教人懷念。現在的學生是要教的。」我笑道：「老師當然得教書呀！」「No！」他叫道：「學生只需啟發！」「老師豈不失望？」「不失望，有過你們這樣的一代，就很幸福了。」

幸福豈是單方面的呢？你所珍惜的我們又怎會忘記？

短歌

牙膏老師 Mrs.Wong

小時候最喜歡唱歌，一天到晚在山路樹影裏獨自哼個不停。那時電台播放一個兒童節目，讓小朋友上去表演，我必定收聽，甚至為此和堂哥哥爭奪收音機。

小島上慣於邊走邊唱的小女孩，上了城市裏的中學，才知道一個音樂室是怎樣的。

Mrs. Wong打自鋼琴座位走到我們前面，用非常悅耳的聲音對我們說話。她白皙，皮膚細滑，下巴尖小，鼻子也非常小巧，眼睛像因著一個夢幻的微笑還未完全張開似的。至今我仍然能在迷糊蕪雜的記憶中分辨出她那略帶鼻音的歌聲和話語。她總是說說唱唱，用歌聲的例子支持她教的音樂理論。起初我們不很習慣她那像在哄小孩般的說話風格——她好像在教幼稚園學生哩。後來大家親切了，反覺得自己正在享用中一學生的特有權利：我們是學校裏最小的孩子嘛。

Mrs. Wong的歌唱得極好，音域之廣，後來的老師望塵莫及。我常常注視她的嘴巴，且一直不明白，為甚麼那麼小的兩片薄唇，竟能發出這般響亮圓潤的聲音。她唱歌時很投入，很有感染力。

她耐心地教會了我們許多音樂知識，叫我們這些自幼缺乏栽培的窮小孩紛紛愛上音樂。課堂上我們知道了一個樂隊有哪幾個部分，明白了各種樂器發聲的原理，也親自聽到了它們的聲音。到了今天，我還記得《動物嘉年華》的好幾個旋律，也記得 Peter and the Wolf 裏的不同角色。這都是她教的。我們是完全沒有音樂訓練的人， Mrs. Wong 在我的心圃上撒下了欣賞的種籽。

她教我們唱的盡是古典著名小曲，像《小仙女與牧羊人》、《櫻桃熟了》、《鱒魚》、《素菲的歌》等，全都教人感動。可惜好景不常，消息傳來，她要暫時離校了。她走時，留下了一首只教了一半的歌，名字叫做 It Rains , It Rains 。我很喜歡那首歌，但我再沒在任何地方聽見過了。彷彿記得她說過，發聲唱歌有如把牙膏按出，出來的聲音應是「圓」的。她說這話時把嘴唇擠得像個小洞，以示其「圓」。有時早晚刷牙，我都會莫名地想起老師。

老師好像是在學期中離校的。我們那時年紀小，還天真地盼望她會早日歸來。但願她知道，她教的二十四班裏，有一個小孩等了她半年，才肯相信她的離開是鐵一般的事實。那時我們好像才剛升上了中二。

後來，我不能再參加學校的合唱團了，因為聲帶長出了一個小小的結。那時我只不過在念中三。自此，聲帶經常發炎。教書之後，情況轉壞，小結增至兩個，聲帶無法閉合。醫生叫我做手術，我卻因種種時間負擔，至今心願未償。如今週日早上，到教會參加崇拜，對歌唱的欲望就更強烈，心中的痛苦，只有天父才知道。我渴望歌唱，像老師一樣，掌握生命中最欣悅的時刻；盡情地歌唱，而不是只那麼尷尬地站著。每想起當年老師指揮Junior Girls Choir時的手勢，和自己能歌的時候，心裏就很難受。好像老師教我愛上了奔跑，我卻失去了一條腿一樣。我想像老師也許仍在某一個學校的舞台上，領著一羣十三歲的女孩子，搖著腦袋、笑容燦爛地歌唱，心中羨妒不已。沒有歌曲的心靈何等孤獨，這卻是擁有美麗嗓子的老師永遠不會明白的了。

蝴蝶結

永恆的少女 Miss Chan

走廊打自球場攝入的午後陽光，正浮浮漾漾。下課後，湖水藍色的校服裙子往復漂流，一團一簇，繡球花似的，煞是迷人。她迎面而來，卻是一株亭亭的水仙了。陳老師的身材高挑勻稱，一卷劉海像個柔和的波浪，永遠撫著額的長灘。長髮束在腦後，鬈曲但整潔，髮上是一個兩層的黑蝴蝶——馴服的，理性的，甚至是克制的，完全有飛翔的能力，卻選擇了蟄伏。陳老師還未教過我，我已覺得她無匹地美。她的兩唇永遠在微笑，眼睛永遠在凝視，互相呼應地告訴你，她洞悉你的心思，也洞悉你對她的情意。

陳老師是那種永恆的少女，咫尺天涯，說近還遠。她的聲音溫柔，有時僅可聽見，有時誘人猜測，有時則教人心神飛躍的足不踏地，但她教的是理科中的理科：數學和物理。

中三時勉強被編進了尖子班，早已心知不妙。我明白自己的才幹和領悟力，只屬中庸，在那個班上可能得吃點苦。沒料到一遇上陳老師，更「肥」了數學。想起來，總覺得有點對不起她。那一年她教我們查對數表，我看見那些密密麻麻的數字就抗拒，不是掀錯了頁數，就是找錯了行位。沒料到期考試卷上的題目盡是對數表縱橫的天下。我滿頭大汗，一一 都查錯了，換來成績表上「教人失望」幾個大字。數學不及格，名次三十六，使我在班上 溜滑梯似的溜掉了自尊。

但老師沒有責備我，甚至好像沒有注意我。再上她的課時，我的心獨自沈到老遠的海牀，幽幽地，竟覺得講台上的她是冷漠的。

畢竟是我錯了。

中四時老師為我們辦研討會，讓一整級的同學有機會對生命裏的種種問題發表意見，也使我們充分明白到民主發言程序。偶然到校營度假，老師也會和我們一起。但當大家喧嘩地揮霍青春之際，我偶然一瞥，她恬靜的目光正落在手上的一本存在主義哲學著作上。樹蔭下，她和她的學生又再靜靜地分離，如水仙獨立於隨水而去的落花一樣。真是難懂的人，我心裏說……

祕密而明亮

我祝福你，親愛的 Miss Chan

中五給編進了英國文學組，與老師的關係愈見疏淡，對於數學，我卻有了一種「認命」的堅持：因為會考得及格，才有資格考大學。年中某些日子，一個女同學為了要刺激她原來的好友，主動與我親切起來，我誠懇地與她交友，不久卻被「拋棄」了。事後聽同學說，老師早為我們這一段「友情」皺過眉。我怎能說她冷漠呢？她只是把成長機會完整地留給我們罷了。

對於陳老師，我們心情是複雜的。我不否認自己一直對她敬慕：聞說她是中文大學一級榮譽生。識見全面，是個非常優秀的老師。但另一方面，我無法像其他同學一樣，進入她的心靈世界。也聽說她積極參與社會事務，關心別人。但我，既不是好學生，也沒有某些同學自小就顯揚的飽滿博愛精神，一直沒有機會與老師好好說過一次心裏話。從某個角度看，老師並不真正了解我心靈上的貧弱和缺乏，我也沒有純真地關心過她。但也許這又不是真的，她微笑著的眼睛，不是早已說明了她的想法嗎？我對她的懷念，不也真切如手上的筆桿嗎？

畢業後，好些同學仍和老師保持聯絡，十數年來不輟。對於她的遭遇，我只是略有所聞，心戚戚然，不知歲月已經如何逐步取去她無與倫比的少女氣質和情懷。老師仍一貫地冷靜理性嗎？仍每早束起黑髮，和結好髮上的黑蝶嗎？仍打自深邃的哲理反省生命，還是已步入人到中年的生活舞台，由導演的位置走進射燈下的親身演出？

我不肯相信老師已完全忘記自己，畢竟我隨她習數長達三年。但她又會如何記憶我？一個頑劣的學生？一個笨拙而懶惰的小女孩？還是一個敏感而疲弱的少女？甚至是一個自憐而自卑的邊緣心靈？想起我時，她會一笑，還是皺眉？她會不會知道，那個已經長大成人的中五小孩，至今仍耿耿於未能與她有一次深入的接觸？相信緣分的人會嗤笑我的執著；執著的人卻也會輕視敷衍的所謂隨緣。我無法遣去少年時代這小小的遺憾，卻也只能對著淡黃的案頭燈凝神，思想如何傳遞這一種最祕密也最明亮的祝福，以及如何解釋這黑蝶一樣結著的心情……

彩虹裙上的素布

Miss Lo步履維艱

體育，幾乎是每個小孩最心愛的科目，我當然也最愛體育課。我們中一、二時的體育老師是個籃球女將，身材勻稱，動作優美，舉手投足都教人羨慕。我們一羣小女孩都很喜歡她 ，老希望自己給挑進籃球隊，瘦弱蒼白的我也不例外。可惜，一年下來，她並沒有看我一眼。眼看高大靈活的同學紛紛成了校隊，自己卻只拿了兩次僅可稱為及格的「C-」，真不好受。

暑假後，正決定繼續努力、教老師刮目相看之際，她卻突然「消失」了。換上來的Miss Lo極年輕，一張娃娃臉，個子不高，且略覺圓胖，一點不像體育健將。她的嗓子最好，一 聽便知是詩班主音的料子，可在禮堂裏、球場中和草地上，卻不怎麼管用，未能撩起我們崇拜英雄的心情。老實說，這次「換人」，頗教大家失望。

Miss Lo好像已經知道我們的想法，默默忍受下來。她把一隊乙組冠軍的女籃，和一隊名聞校際、屢戰不敗的西方土風舞組接了上手，也把壓力和期許扛到了肩上來。整間學校都用疑問的、不信任的眼光盯著她。上課時，她恭謹認真，我們就嫌她拘束；她要求嚴格，我們就嫌她兇，總之老拿她跟以往的老師比較。老師心裏想甚麼，我們不大清楚，也不肯去想想，只記得當時真的很希望以往的老師會回心轉意，再回來教我們。

秋天，我被選進了西方土風舞組。那時我剛升上中三，被分進了尖子班，功課很是緊張，競爭也很大。我卻因為酷愛跳舞，顧不得許多了，馬上參加。每天課後，就連蹦帶跳跑進大禮堂，與高班的哥哥姐姐練起舞來。隊裏多是中四和中六的同學，全隊共九對。我的舞伴是個中六的大男孩，他好像從未有過甚麼舞蹈經驗，手腳生硬，老是笑，牙齒白得可愛。老師很緊張，告訴我們說，九對之中只有六對可以真正參加比賽，另外三個小組只是後備，並且暗示：低班的同學可能得先練習一兩年。她那麼一說，大家更不高興，因為這是違反我校的民主精神的。我們連社長都由全民投票產生，領袖生必須自級中得票，才能獲選，怎可能出現只練舞、不出賽的局面呢？於是，隊中人心不一，士氣大降。我們新進隊的「小娃兒」，更有了某種心情，氣餒得要死。

卸下去年的包袱

Miss Lo說，人人都來跳舞

那年我們跳的是快四撲克舞，這種要求熱鬧、活潑的舞步，練起來很辛苦，大家每天汗水淋漓，Miss Lo自不例外。一段日子後，老師要選將了，我們心情沈重，真有幾分待判的感覺。這一天，來了一位高挑、優雅的女士。

老師說，她是她的老師，今天要來看我們表演。我們知道，這是日子了，都很努力表演。彷彿記得，那天我脫掉了眼鏡，瞇起了眼睛，笑吟吟地拉著舞伴轉圈圈，也拚命地突出自己。完了，老師的老師笑咪咪地離開了，剩下Miss Lo，也是笑咪咪的，對我們說，大家都跳得挺好，她知道該怎樣挑人了。她又對我倆說，老師讚你們跳得很起勁。我和舞伴很開心，知道這次可能會被選上了，懸掛了許久的心安定了下來。

三數天後，「幸運」的六對終被挑出，我們倆因受了師公一讚，自然入選了。可是，大家心裏總是不甚快樂——沒被選中的同學，心情怎樣啦？

隊裏的笑聲少了，跳起舞來也缺乏往常的那股勁兒……

一個下午，Miss Lo把全部人都叫來，意外地對我們說了一番話。她道：「同學們，我想了很久，決定讓所有人都參加比賽。我想我們背著去年冠軍的包袱太久了，很辛苦，倒不如放下不理，輕輕鬆鬆地參賽吧。來，咱們全都跳！」她一說完，禮堂裏的十八個人全都歡呼起來，互相擁抱，大家快樂得很。

比賽完了，我們取得亞軍，成績雖未及往年，卻已有了交代，一隊人與老師，成了好友。老師和我們一樣，也好像改變了，變得輕鬆起來。這一個學期真是美好，惟一的憾事，是我只顧跳舞，成績滑落，一班三十九人，我竟考了個第三十六名！

背叛

Miss Lo，請勿生氣

升上中四，舞蹈組的新名單又出現了，我榜上有名，心中雀躍。看見班上同學許多也被挑中，就更快樂，希望能與他們一起練習、比賽。可是，回到教室，大家亂成一片，同學們議論紛紛，且都皺起眉頭，好像大難臨頭似的。原來大家都不願進組，怕成績像我一樣大幅退步！

於是，退組大行動開始了，一行多人，來到了老師的辦公桌前，要求「退役」。老師很驚奇，張大了眼睛看著我們，她心裏一定很不明白——進隊，不是很光榮的嗎？但同學們去意已決。老師看著我，很難過：「你也要走嗎？」

我低頭說是。但我心中有一種很對不起她的感覺。她去年最疼愛的小隊員，今天也來背叛她了。但我不能不走，一方面因為自己的成績太差了，一方面因為我不想做和班上同學不一樣的事。我太缺乏獨自決斷的能力，更缺乏勇氣……

老師悲傷地點了頭。她感到了，在校二年，

她仍未贏得我們的心……

幾天之後，舞蹈組再次組成，成員都不再是尖子班的學生。傳聞，這個新隊很不高興我們拒跳的一羣，說我們太「招積」……

許多個下午，陽光普照，走過禮堂，總有美麗的音樂掠耳撫髮。我自門縫看進去，裏面歡笑洋溢，直是去年的光景。老實說，我後悔了，也很懷念老師。

比賽日子快到了，我的心情一直給遠處傳來的裊裊樂音牽制著。就在這一天，數學課還未完結，教室門口出現了 Miss Lo。她和教數學的陳老師說了幾句話，就把我「借」了出去 。

走廊上，她對我說：「燕青，舞蹈組一位女同學扭傷了腰，希望你能補上。」

「啊！」我連反應都不會，站在長廊上，心情複雜而奇妙。

引退

Miss Lo，我一定不會忘記你！

就這樣，在 Miss Lo 的帶領下，我重新走進了學校的大禮堂，突然又成了舞蹈組的一分子。十多雙冷峻的眼睛審視著我。我走進了圈子裏，卻仍是道道地地的圈外人。Miss Lo 急促地解釋著每一舞步，我努力想跟上，卻總是突兀地給留下在一個生硬的動作中。「隊友」的臉色直往下沈，我的心也往下掉。

會議在家政室舉行。Miss Lo 說：「媚媚的脊椎傷了，不能跳，這不是誰的錯，更不是這位同學的錯，為甚麼這樣對待人家呢？」

「我們等媚媚回來好了。」有人說。

「等不及了。」老師說：「總不成到現在才退出吧！？」

大家沈默了，我惘然在那裏坐著，成了大家公然仇視的對象。

「起初是她自己不肯參加舞蹈組的，如今一進來，就可以出外比賽，這不是太不公平了嗎？」有人憤然說。Miss Lo對這孩子氣的話感到驚奇，卻也沒法回答。

我好想說：Miss Lo，我不跳了，我現在就回到教室上課去。但我說不出來。

老師的臉忽然泛起了莫名的憂傷。她歎了口氣，對我說：「燕青，對不起。事出突然，同學們還未能接受。他們並不是在針對你。」真是貼心的話。淚水一下子衝上了眼眶。受了委屈的人不一定想哭。可一旦有人表示明白，淚水就來了。就像給打了手掌的小孩，倔強地站著，不肯認錯，媽媽一說孩子你乖，媽媽愛你，他就會馬上哇的一聲哭出來一樣。老師是諒解我的。……然而在那一刻，我竟用最強烈的驕傲遏止了眼淚，微笑說：「我明白的，老師。」老師投來感激的眼神。

音樂又再響起。我是絕望中的一個劣法，但還是被採納了。更衣室裏，隊友們個別地向我道歉。當我舞伴的男孩子還請我去看電影。但老師的心，顯然已經淡了，冷了。她被我們一再傷害，變得更沈默。只是在賽前，她仍沒忘記勉勵我們，說的不外是勝負得失不打緊等話。

比賽如期進行，各校隊伍進步神速。風雨飄搖的伊中隊，卻零落淒遲地只能謹慎地把舞跳完。落選是意料中事。老師也自然把自己列入落選老師之列。無論她如何努力，她仍只是那個平凡得令人奇怪的體育老師。兩年後，她悄然離去，聽說移了民。

但她的影子卻留下了。她的聲音、她拍手的動作，也留下了。一個曾經那麼盡力，那麼盡責，卻沒有贏得甚麼年輕人喜愛的老師，在一個孩子的歷史上切實留下來了。每當我想起母校，想起長廊上的陽光如何浮起青春的步履和正在舉翅的羽鳥的聲音，想起禮堂裏滑滑的木地板撫著腳尖的感覺，我就會想起她，想起她如何容忍了我們的驕傲、任性和幼稚。能這樣做的人，又怎能說是平凡呢。

蜜月刑期

盧老師舉足輕重

中學五年很快就成了回憶，隨之而來的是預科課程。就學校生活來說，那是很甜蜜、很充實的兩年；就學術生命來說，卻實在不算太好。某些科目的老師換來換去，師生都難以投入，幸而還有教英國文學和應用英語兩科的盧老師，一直帶著我們，叫我們仍有方向。

盧老師和以前的老師完全不同。那時她非常年青，但很有自信，長著只及耳垂的直髮，臉蛋線條圓潤柔和，卻絕不胖。她從不穿典型的「教書先生裝」，衣服給人一種簡單明媚的感覺，即在冬日，也會教人想起夏天。最令我難忘的，是她總能那麼臨危不亂，說話時清晰有力；儘管一整班人一同猴起來，她仍怡然自得、處變不驚。她身材也很好，略高，修長中顯得清潤自然，總之令你感到她充滿時代氣息。有時假期見她穿球鞋、牛仔褲，尤覺她好看。

好看以外，她更是一位有內容的老師。她以同輩的身分出現——一位好有權威的同輩！她不籠困我們，也不說空泛的鼓勵話，把我們看作成人。她從沒有逼迫我們死記硬背，或派發甚麼天書天章，只要求我們自律地用功。她教書不像教中學，也從不把公開試當作上帝；她以同伙伴說話的口氣講課，介紹參考書，鼓勵課上討論，像在教大學；她從不以成績為指標，卻注重學生的學習態度。有一次，她把我召進英語室，「訓」了我兩小時。那時是大學模擬試之後。她嚴厲地批評我懶惰，說我精神渙散，又告訴我其他老師也有同樣的看法。當時我有點驚愕，因為我模擬試的成績不錯，覺得老師沒有理由。但她清楚地說，我的問題不在成績好不好，乃在沒有盡力。她把我的心結逐一挖了出來，逐一開解；後來知道了我家境不好，家庭不贊成我念大學，我對前景不抱希望，因此也沒心情考試。那一刻，她的臉突然變得溫柔。她鼓勵我多努力兩個月，把試考好，再作打算。後來我真的拚了兩三個月，大學入學試平安度過，考進了港大。世事難料，父親一位當水警的好友見我取得成績，竟對爸說：你供不來，我供她上學好了。爸深受感動，就叫我上大學，說辛苦也支持我。我後來取得政府的貸款，又做了些兼工，終於完成了大學課程。天父為我所作的安排是奇妙的、美麗的——要不是盧老師說了我一頓，我就不會用心考試，大學生活就不會出現了。

預科時我們念英國文學的同學只有五個。老師總叫我們圍成一個小小的圈子，她也坐著成了我們一分子，拿著書本讀讀說說的很快又兩節課。她把講章化成了問題，把單向傳授化成了討論；她與我們談論人生，辯論真理。她有一句話，我至今記憶猶新。她說：「燕青你不是不聰穎，是閱讀不足。」書到用時方恨少，老師的話到了今天更形實在；對我來說 ，更具說服力。

我也生過老師的氣。有一次我在壁報板上貼了大大的一個英國詩人的名字，後來發覺拼錯了，多寫了一個字母。過了好久，我才發現了，跑去告訴她，她氣定神閒地說：「我早就知道了。」我聽後十分驚訝，為甚麼她不告訴我？我傷心得哭了。那種傷心真是難以言喻 ，是一種深刻的被遺棄的感覺。後來自己成長了，知道老師已經不再把我看作小學生，也許她想告訴我，錯誤是應該由自己去發現的。

老師也領我們組成辯論隊，與別校比賽。我們學校一向強於數理，弱於語言，尤其是英語，更是我們的大弱點，但在老師的濃縮思辯技巧訓練之下，我們竟打進了最後一圈。攜手作戰數月，我們與老師的關係也親密多了。

我們進大學以後，老師也調升了。我們數度往她家裏看望她。她結了婚，生了孩子，人比往日活潑親切。她更明顯地把我們看作友人了，說說笑笑的，談家居生活，談游泳，談孩子。我結婚時，發生了一件事。我寄了一張請帖和一張餅券給她，但她沒有來賀我，也沒有來信來電。我有點不愜意。是老師全不疼我嗎？年輕時的自憐自卑一下子又氾濫。好久以後，同學約我去看老師，我心中有結，想不去，結果還是去了。見到老師，她竟告訴我，我結婚前她收到一個信封，封上字迹是我的，裏面有一張條子，寫了我結婚的消息和時間、地點，但那太隨便了，像個玩笑，所以老師沒到。想來帖子和餅券都給人偷去了，但那賊人仍有點良心，就換了一張紙，把資料寫上。我們聽了，啼笑皆非。

今天，我們中間有些同學移民了，看老師的機會也不多，但老師還是我十九、二十歲時一個極其重要的人物。她把我從中學時期許多皮毛的感受中拉了出來，又把我領往成年人的嚴肅天地中，教我開始真正思索如何面向自己。我跟著她，有過難受的時刻，也有過光榮的時刻；我學會了自省，也學會了接受自己；我挑戰她，也佩服她；我明白到成長的驕傲，也驚覺到成長的痛苦。我是不會忘記她的。

跋

我媽媽年輕時是個小學語文教員，一上街，就有鄰舍喚她老師。小小的我覺得那個稱呼很悅耳。

念小學的時候，我最愛的也是語文科，同學們都說我奇怪。他們認為中文最麻煩了，不是背就是默，既老套又沈悶；我卻是那麼情有獨鍾，愛書法，好朗誦，還喜歡寫作。我的志願當然就是做語文教師。遇上出色的老師，我會打從心底裏仰慕她；碰見不那麼好的，我就會想：要是讓我來教嘛，一定會比她教得好。

人漸漸長大，孩提時代的種種情懷隨之失落。媽媽最不贊成我們做文人，她希望我們當醫生、工程師。她絕不是虛榮的人，只是覺得文人容易説錯話，會被整治。畢竟，她在那個年代的中國白吃了許多苦頭。我受了她的影響，也在理科上用功了一陣子。可是，人的秉賦不由自己決定，心靈最後還是勝過了意志——一上高中，我就明白過來了：寫作、教書或者做文字工作，是我最享受的事。

大學時期，同學們都是很有計劃的人。誰的英語好，就去投考政務官職；誰願意從商，一早就滿手大機構的資料；誰打算教書嗎，學年中已找到了聘請他們的學校。不知甚麼原因，我卻在學年將盡之時發展出一種逃避的心態。大概是害怕負責任、也對母親口中的複雜社會缺乏信心吧，我覺得自己還沒有預備好，不能出來工作。到同學們都成為社會棟梁了，我還是躲在研究生宿舍寫詩，看海，讀古書。那期間，雖然有幸擔當一些助教工作，可以養家，但我已開始覺得不安。就在這小隱於樵的一兩年間，我首次思想到個人的事業問題。

下山以後的第一份工作，是在很尖端的廣告行業裏找到的。中文撰稿員，聞説既富挑戰性，前途更是不可限量。我當時覺得自己非常幸運。可是沒多久，我就感到吃力。我並不是在語文技巧上力有不逮，倒是日漸清楚自己氣質上的限制。後來，我又到電視台當了一年全職編劇，但也沒有在傳播界安定下來。那個地方很有趣，就是太吵鬧了，不太適合愈來愈享受獨處的我。

有人把職業和事業分得很清楚。上班時掙錢餬口，下班後才過自己的活。我衷心敬佩這些雖不樂業、卻能敬業的人。然而因為有點任性，我堅持要在自己的職業裏同時找到建立事業的快感，所以在找工作的事情上並不順利。二十幾歲了，我開始意識到自己已經走上了文學創作的不歸之路；但也日漸清楚，香港社會不能提供這樣的專業職位。

加入浸會學院當寫作課的教師，起初還帶著幾分妥協的心情。想不到一走進教室，就省起了兒時的夢。我不是說過要當中文教師嗎？面對著一羣又一羣十九歲的大孩子，我忽然好像回到了故鄉。

如今，我在寧靜的辦公室種下幾盆青綠，連窗台上的陽光也因此顯得生意盎然。八年來，我認識了許多年輕人，也完成了好幾本詩集、散文集。我再也想不出比這種日子更愜意的生活了。

九歲的小女兒曾經怯怯地說過，她也喜歡當中文教師。我告訴她，這個主意實在不錯。

作者簡介

胡燕青，廣東中山人。畢業於伊利沙伯中學，香港大學哲學碩士，主修中文。現職浸會大學語文中心助理教授。

著有詩集《驚蟄》、《日出行》、《我把禱告留在窗台上》、《地車裏》、《護城河》、《攀緣之歌》、《午後推門》，散文集《心頁開敞》、《彩店》、《我在乎天長地久》、《我走過書桌的曠野》，詩歌論集《小丘初夏》，少年小説《一米四八》、《全天候跑道》、《頭號人物》、《三線一族》，兒童故事《啟啟上小學》、《啟啟的腳趾有話説》、《啟啟怕不怕考試》、《你就是二年級的啟啟嗎？》，紀實文學《十九歲的天空》，翻譯《門徒日思錄》。

獎項

1）1981 年度獲市政局中文文學獎新詩組冠軍

2）1985 年再獲市政局中文文學獎散文組冠軍

3）1998 年獲基督教湯清文藝獎之「優勝獎」（詩集《我把禱告留在窗台上》）

4）1998 基督教湯清文藝獎之「卓越成就獎」（少年中篇《一米四八》）

5）1999 年獲市政局中文文學雙年獎之「詩獎」（詩集《地車裏》）

6）1999年獲市政局中文文學雙年獎之「兒童文學獎」（少年中篇《一米四八》）

7）2001 年獲浸會大學「傑出表現獎之教學獎」

他們鮮明的形象，

至今仍不斷鼓舞著我、激勵著我，

在我的教學生涯上，

他們的笑容光亮如明燈。

——胡燕青